浙江省重点学科西方经济学
资助项目

浙江省社科规划后期资助课题成果丛书
法律经济学博士文丛
史晋川 主编

中国转型期收入差距与刑事犯罪率的动态变化研究

Essays on Income Inequality and Crime in Chinese Transitional Period

陈春良 著

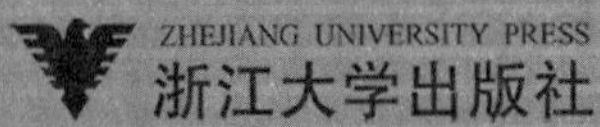

图书在版编目(CIP)数据

中国转型期收入差距与刑事犯罪率的动态变化研究 / 陈春良著. —杭州：浙江大学出版社，2012.2
ISBN 978-7-308-09572-3

Ⅰ.①中… Ⅱ.①陈… Ⅲ.①收入差距—影响—刑事犯罪—研究—中国 Ⅳ.①D924.114

中国版本图书馆 CIP 数据核字(2012)第 009674 号

中国转型期收入差距与刑事犯罪率的动态变化研究
陈春良 **著**

丛书策划 袁亚春
责任编辑 陈丽霞
封面设计 刘依群
出版发行 浙江大学出版社
(杭州市天目山路 148 号 邮政编码 310007)
(网址：http://www.zjupress.com)
排　　版 浙江时代出版服务有限公司
印　　刷 浙江云广印业有限公司
开　　本 710mm×1000mm 1/16
印　　张 10.5
字　　数 183 千字
版 印 次 2012 年 2 月第 1 版 2012 年 2 月第 1 次印刷
书　　号 ISBN 978-7-308-09572-3
定　　价 32.00 元

浙江大学出版社发行部邮购电话 (0571)88925591

总 序

《法律经济学博士文丛》是由浙江大学经济学院政治经济学和西方经济学专业法律经济学研究方向博士研究生的博士学位论文集成的一套学术丛书。

法律经济学(或"法和经济学")是一门法学与经济学的交叉学科,自20世纪50年代以来,在科斯、卡拉布雷西和波斯纳等人的倡导下,在西方学术界兴起和蓬勃发展。后续,经过兰德斯、艾里奇、夏维尔、波林斯基以及莱维特等学者的推广和推进,时至今日已经成为经济学领域最重要,同时也是最引人入胜的研究分支之一。尽管自诞生以来,法律经济学从来不是一场统一的学术运动,但是,大多数学者对于法律经济学的学科定位不外乎认为是以下两个方面:一是强调法律经济学的研究重心是剖析法律作为一种制度规则对社会经济活动的影响;二是强调法律经济学的研究重心是用经济学的理论和分析工具研究法律问题。

中国大陆的法律经济学引进和研究,大体上是1978年改革开放以后的事情。在法学界,北京大学、中国人民大学、吉林大学、复旦大学和西南政法大学法学院都活跃着一批法律经济学的研究者。其中,北京大学法学院的朱苏力教授在介绍和引进法律经济学理论,尤其是大力翻译介绍波斯纳教授的法律经济学文献方面,做出了很大的努力和贡献。在经济学界,中国社会科学院的张曙光教授、盛洪教授和复旦大学的张军教授、山东大学的黄少安教授,在推动法律经济学的研究过程中,也做出了显著的成绩。经过20多年的发展,法律经济学已经成为一门受到国内法学界和经济学界愈来愈多关注的学科。国内的法学院和经济学院也开始纷纷开设了《法律经济学》等相关课程,与此同时,许多学校也都成立了专门的法律经济学研究机构,越来越多的年轻研究者投身到这个研究领域。

浙江大学经济学院的学者对法律经济学的关注始于20世纪90年代初期,面向博士研究生的法律经济学相关课程及以法律经济学为研究方向的博士研究生项目,大致在90年代中后期开始开设和开展。经过这些年的勤奋努力和潜心研究,可以欣喜地看到,浙江大学经济学院的从事法律经济学研究的师生，已经在《经济研究》、《中国社会科学季刊》、《中国社会科学》、《经济学季刊》和《管理世界》等学术期刊上发表了数十篇高水平的学术论文，初步形成了一支年青而又充满学术活力的法律经济学研究团队，跻身于国内法律经济学研究领域的前列。在学习和钻研经典法律经济学理论之余，这些年浙江大学经济学院所培养的法律经济学方向的博士研究生，积极置身并切实推进法律经济学的中国化研究，对法律经济学领域中的财产、知识产权、侵权、合同和犯罪等研究主题展开深入的探索，呈现在诸位面前的这套《法律经济学博士文丛》正是这些方向上探索的阶段性作品的集结。

毋庸讳言，与国际学术界的研究前沿相比较，中国大陆的法律经济学研究仍旧存在不小的差距；相比中国台湾地区的法律经济学的学术研究，国内法律经济学研究也还是处于相对“后发”阶段。事实上，至今法律经济学这门学科在中国大陆的发展，仍然存在着两大问题：一是法律经济学研究的进一步本土化问题，而且这一问题由于不同的法系——普通法与大陆法——的差异性，给研究者们在本土性法律事实和经典理论的融会贯通方面带来了更大的挑战；二是在法律经济学研究中经济学与法学家的学科“磨合”问题，而且这一问题由于中国大陆法学界与国际学术界接轨相对滞后于经济学（请相信这绝对是一个善意的批评，且笔者认为是基于客观事实），显得更为突出。虽然，实际研究中碰到的困难可能更为繁杂，但是我们很欣喜地看到这些年以上两个方面确实都有明显的进步，法律经济学的中国化研究和国内法学界与经济学界的法律经济学方面的交流都在进展当中。所以，尽管困难重重，我们仍旧有理由对法律经济学在中国大陆的发展充满信心。浙江大学经济学院的法律经济学研究团队，也希望在今后的研究中有更多的机会向国内外同行学习和开展学术交流，为推动法律经济学的学科建设贡献一份浙大人微薄的力量。

史晋川
2012 年元月

摘　要

30年的改革开放，我国的经济建设取得了举世瞩目的成就，人民生活水平持续提高。经济快速增长的同时带动了远比经济增长本身复杂的社会转型。本书研究关注我国经济社会转型过程中的犯罪率上升，并将其置于经典犯罪经济学分析框架内加以考察。在详细梳理相关文献和典型事实描述的基础上，本书推导了收入差距、城市化以及执法威慑等变量对犯罪参与的比较静态；并利用我国转型期分省面板数据和国家层级的时间序列数据，对相关假说做了详细的实证检验。综合起来，我们实证研究的发现包括以下几个方面。

首先，相对收入差距扩大和绝对收入差距扩大，共同导致我国转型期刑事犯罪率的快速攀升。基于1988年到2007年的分省面板数据，固定效应模型的估计表明，相对收入差距对刑事犯罪率的弹性为0.34到0.45；而绝对收入差距每扩大1%将至少导致刑事犯罪率上升0.37%到0.52%。由于我国分省层面广泛存在不可观测的经济文化差异，可能与省级层面的犯罪率相关，同时时间维度历次"严打"运动和刑事政策调整也对犯罪供给构成异常冲击，因而无论单独控制省份固定效应还是时间固定效应，都将导致收入差距对犯罪率的影响被低估。

其次，城市化进程加快也是我国转型期犯罪率上升的一个重要原因。和基于发达国家样本的研究发现不同，我们发现城市化进程不仅通过潜在犯罪获利机会的集聚增加犯罪参与激励，同时城市化进程中低收入群体收入提高和劳动力市场状况改善也将有利于犯罪率下降。同样基于1988年到2007年的分省面板数据，我们的实证分析显示，城市化水平在50%及以下时，城市化的犯罪率增加效应占优，而城市化水平超过这个分界点之后，犯罪率的减少效应开始发挥更大作用。以上估计在不同城市化指标设定中保持稳健，这意味着基于发展中国家样本的犯罪供给方程的估计，如果未加入城市化变量的二次项，很可能导致城市化效应的估计结果有偏误。

再次，收入差距和执法变量对不同类型犯罪的影响存在长短期差异。基于1981年到2007年国家层级的时间序列的协整分析，我们发现盗窃犯罪、侵财犯罪和总犯罪率与收入差距及犯罪威慑变量存在长期协整关系，相反抢劫、伤害以及暴力犯罪序列与以上两个变量则不存在长期协整关系。收入差距与刑事犯罪破案率对盗窃犯罪、侵财犯罪及总刑事犯罪率的长期弹性，大约分布在 1.88 到 2.13 和－0.93 到－1.14 之间。基于 ECM 的短期分析表明，虽然短期内收入差距扩大犯罪率可能没有立即上升，但是由于二者之间存在长期均衡关系，所以短期内偏低的犯罪率将逐渐被修正到长期均衡水平。从犯罪治理看，以上估计意味着犯罪率的长期下降有赖于低收入群体生存条件的持续改善。

最后，刑罚威慑是我国转型期犯罪率动态变化的另一个重要影响因素。由于执法变量和犯罪率之间存在典型的联立内生问题，直接估计二者关系将导致威慑效应被低估。本书利用 1983 年和 1996 年的两次“严打”运动生成的执法变量的外生变动，在动态面板数据的广义矩估计(GMM)框架内，对我国转型期刑罚威慑与犯罪率关系展开了详细的定量分析。我们的估计结果表明，犯罪威慑弹性大致分布在－0.45 到－0.70 之间。另外，由于我们的估计控制了惩罚概率，所以“严打”年份虚拟变量显著为负，意味着惩罚强度增加同样存在犯罪威慑效应。

相比国内已有的时间序列研究，本书基于分省面板数据的实证研究不仅样本量大大扩展，而同时控制省份固定效应和时间虚拟变量，也使得犯罪供给方程的估计较少受到不可观测的异质性和度量误差的影响，因而估计结果的稳健性显著改善。另外，和国际比较研究相比，中国分省经济社会文化差异较大，但又共享相同的司法体系，因而我们的估计也为犯罪经济学提供了来自发展中国家的新证据，对我国转型期刑事政策的制定也有相应的参考价值。

关键词　收入差距；刑事犯罪；固定效应模型；协整分析；广义矩估计

Abstract

During the last thirty years of economic reform and opening up to the outside world, Chinese economy has enjoyed an unprecedented rapid growth, blessing Chinese people with a continuously bettering economic welfare. The fast economic growth created a quick social economic transition far more complicated than economic growth itself. In this paper, we confine our focus on the surging crime rates in Chinese transitional period, and explore it under the analytical framework of the economics of crime. Based on related literatures and stylized facts, we firstly deduce comparative statics for income inequality, urbanization and law enforcement to crime, and then estimate the theoretical crime supply function using Chinese provincial panel and country-level time series data. The empirical findings are as follows.

Firstly, the widening relative income inequality and absolute income inequality both give birth to a surge in crime rates. Based on a provincial panel spanning from 1988 to 2007, fixed effect estimate indicates that the elasticity of relative income inequality to crime ranges from 0. 34 to 0. 45, and 1% rise of absolute income inequality will result in an increase in crime rates of the amount at least 0. 37% to 0. 52%. Since the vast unobserved social economic difference in provincial level may correlate with crime, and there are also other shocks from time dimension such as the strike hard movements and crime policy adjustments, omitting provincial fixed effect or year fixed effect will lead to an underestimate for the impact of income inequality on crime.

Secondly, fast urbanization is another cause of surging crime in Chinese transitional period. Unlike the findings from samples of developed countries, we find that urbanization not only brings about a concentration of criminal opportunities making crime participation more attractive, the increase in income of the poor and improvement of labor market condition during urbanization may also reduce crimes. Based on the same provincial panel from 1988 to 2007, our empirical analysis shows that the crime increase effect of urbanization will take dominance when the urbanization rate is less than 50%, and crime-reduction effect will be more influential after that. These results are robust with different urbanization index setups, which imply that bias may occurs in estimating the urbanization effect using samples from developing countries without including the square term of urbanization variable.

Thirdly, income inequality and law enforcement have different long-term effect on different types of crimes. Based on the co-integration analysis using the country level time series data from 1981 to 2007, we find that there are co-integrations among theft, property crime and grand total crimes with income inequality and law enforcement variables, and no long run relationship exists when coming to robbery, assault and other violent crimes. The long-term elasticity of income inequality and clearance rate to theft, property crime and grand total crimes ranges respectively from 1.88 to 2.13 and from −0.93 to −1.14. The short run ECM analysis shows that the temporarily low crime rates moving away from widening income inequality will be adjusted to long run equilibrium path, which indicates that the reduction of crime in the long run will depend on the continuous improvement of the living conditions for the poor.

Last but not the least, crime punishment is another important factor in explaining the dynamic evolution of crime rate in Chinese transitional period. However, due to the typical simultaneity problem between crime rates and law enforcement variables, the estimate for crime deterrence effect using cross-section data will generally lead to underestimate bias. In this dissertation, we take advantage of the exogenous change in law enforcement variables by the two strike hard movement taking place in 1983 and 1996 to tackle this simultaneity problem using a GMM approach for dynamic panel. Our estimate indicates that the elasticity of crime deterrence ranging from −0.45 to −0.70. Since we've controlled the probability of punishment the significantly negative sign of dummies for the strike hard years just shows up the deterrence effect of the increased punishment in that period.

Compared with existing domestic literatures focus on country level time series data, our empirical work based on provincial panels not only takes advantage of bigger sample size, but the possibility for control for provincial fixed effect and year dummies also make the estimates suffer less from unobserved heterogeneity and measurement error, which then guarantee a more robust estimate. And unlike studies using country level panels, our empirical work enjoys the benefit of vast varieties in social economic conditions in provincial level but sharing a same statutory system. Thus, in this sense, the estimates in this dissertation supplement existing literatures with new evidence from China, and also provide baseline for crime policy in transitional period.

Keywords: Income Inequality; Crime; Fixed Effect Model; Co-integration; General Moment Method

目 录

1 绪 论 …………………………………………………………… (1)
1.1 研究的目的和意义 ………………………………………………… (1)
1.2 研究的思路、方法和可能的创新…………………………………… (4)
1.3 研究框架安排 ……………………………………………………… (7)
2 收入差距、劳动力市场状况与犯罪参与:一个综述………………… (10)
2.1 不确定条件下的时间配置与犯罪参与……………………………… (11)
2.2 基本犯罪参与模型的扩展分析 …………………………………… (13)
2.2.1 基于犯罪决策过程的扩展 ………………………………………… (14)
2.2.2 基于角点解条件与职业选择模型的扩展 ………………………… (16)
2.2.3 小结及评价 ………………………………………………………… (23)
2.3 收入差距与犯罪的经验研究 ……………………………………… (24)
2.3.1 典型的犯罪供给方程的估计 …………………………………… (24)
2.3.2 收入差距和收入水平对犯罪的影响 …………………………… (25)
2.3.3 劳动力市场状况与犯罪参与 …………………………………… (32)
2.3.4 相关公共政策有效性的讨论 …………………………………… (35)
2.3.5 小结及评价 ……………………………………………………… (37)
2.4 本章小结…………………………………………………………… (38)
3 中国转型期的刑事犯罪:典型事实与国际比较 …………………… (40)
3.1 我国转型期刑事犯罪率变动的基本事实 ………………………… (41)
3.1.1 国家层级的刑事犯罪率变动趋势 ……………………………… (42)
3.1.2 省级层面的刑事犯罪率变动趋势 ……………………………… (46)
3.2 我国转型期刑事犯罪率变动的国际比较…………………………… (49)
3.3 本章小结…………………………………………………………… (54)
4 收入差距与我国转型期的刑事犯罪:模型分析 …………………… (56)
4.1 不确定条件下的时间配置与犯罪参与 …………………………… (56)
4.1.1 基本犯罪参与模型 ……………………………………………… (57)

4.1.2 基本犯罪参与模型的扩展 …………………… (59)
4.1.3 收入差距与犯罪供给 …………………… (62)
4.2 职业选择与宏观犯罪模型 …………………… (64)
4.2.1 犯罪职业选择的基本模型 …………………… (65)
4.2.2 比较静态分析 …………………… (68)
4.3 本章小结 …………………… (71)

5 城市化、收入差距与刑事犯罪 …………………… (73)

5.1 计量分析的模型、数据及研究策略 …………………… (73)
5.1.1 计量模型和分析策略 …………………… (74)
5.1.2 数据来源和变量定义 …………………… (77)
5.2 收入差距与刑事犯罪的固定效应模型估计 …………………… (80)
5.2.1 收入差距与刑事犯罪的 OLS 估计 …………………… (80)
5.2.2 收入差距与刑事犯罪的双固定效应估计 …………………… (82)
5.3 城市化与刑事犯罪:一个补充估计 …………………… (86)
5.3.1 省级城市化指标的修订 …………………… (88)
5.3.2 基于调整后的城市化指标的估计 …………………… (91)
5.4 本章小结 …………………… (96)

6 收入差距、执法威慑与刑事犯罪:协整分析 …………………… (98)

6.1 收入差距与刑事犯罪率变化的典型事实 …………………… (99)
6.2 计量分析策略与基本思路 …………………… (103)
6.3 协整分析 …………………… (105)
6.3.1 协整关系的 Johansen 检验 …………………… (106)
6.3.2 协整与误差修正模型分析 …………………… (108)
6.3.3 稳健性检验 …………………… (111)
6.3.4 其余犯罪序列的短期动态分析 …………………… (112)
6.4 本章小结 …………………… (113)

7 刑罚威慑与犯罪治理:一个 GMM 估计 …………………… (115)

7.1 犯罪威慑效应估计与“严打” …………………… (116)
7.1.1 犯罪威慑效应估计的相关文献 …………………… (116)
7.1.2 “严打”与犯罪威慑 …………………… (118)
7.2 计量分析策略和数据 …………………… (120)
7.2.1 计量分析策略 …………………… (121)
7.2.2 变量定义和数据描述 …………………… (123)

7.3 计量分析结果 …………………………………………………… (125)
7.4 本章小结 ………………………………………………………… (131)
8 结论及后续研究展望 …………………………………………… (132)
8.1 本书的主要结论 ………………………………………………… (132)
8.2 存在的不足及后续研究展望 …………………………………… (135)
参考文献 …………………………………………………………… (137)
后 记 ……………………………………………………………… (155)

1 绪 论

经济增长过程中，收入差距扩大可能“诱使”低收入群体通过犯罪手段寻找新的财富增长路径，或者以犯罪的形式表达自己对现行分配秩序的不满(Macculloch，2005)。犯罪规模增加恶化了投资环境(Alesina and Perotti，1993)，反过来不利于未来的经济增长和社会福利增加(Lloyd-Ellis and Marceau，2003；Mehluma et al，2005)。类似这种收入差距与经济增长之间可能出现的恶性循环，近年来受到发展经济学家们的广泛重视，甚至被冠之以“新拉美病”(Bourguignon，2000)。一定意义上正是如上现象所激发的思考，使得有关犯罪参与的原因分析及犯罪率动态变化的研究，继传统犯罪学、犯罪社会学和刑事政策研究之后，开始成为法经济学、发展经济学以及公共经济学中的一个重要研究主题。本书研究可以视为是这个新的研究理路的一部分。我们试图将中国转型期刑事犯罪的动态变化，纳入到经典犯罪经济学的研究框架内加以考察，重点从经济社会条件变迁尤其是收入差距的持续扩大切入，分析其对转型期犯罪率不断攀升的影响，并在此基础上探讨相关犯罪治理公共政策的基本内涵。本章接下来介绍选题在中国转型期语境中的研究目的和意义，并在简要回顾有关收入差距与犯罪参与的理论与经验研究文献的基础上，阐述本书的研究思路、基本研究方法以及可能存在的创新之处，最后一节阐述本书的框架安排。

1.1 研究的目的和意义

作为最大的发展中国家，我国在过去30年的改革开放中取得了极为辉煌的成就。经济持续增长人民生活水平日益提高，1978年至2007年人均实际GDP的年均增长率高达8.67%[①]，成为同期全球增长最快的国家或地区之一。但是，经济增长的同时，我国居民收入分配状况却持续恶化(李实、赵人伟，1999；李实，2003；陆铭、陈钊和万广华，2005；李实、史泰丽和古斯塔夫森，2008；Gustafsson and Li，1998，2002；Knight and Song，1999；Lu and

---

① 《中国统计年鉴(2008)》，中国统计出版社2008年版。

Chen,2006),全国基尼系数从 1981 年的 0.29(世界银行,1996)上升到 1995 年的 0.45(赵人伟、李实和李思勤,1999),之后一直保持在 0.40 这一国际不平等警戒线之上,并且在 2000 年之后呈继续扩大的趋势(李实,2003)。值得注意的是,除了总体层面收入分配上的极端不平等,我国城乡之间的收入差距和地区之间的收入分配不均同样引人注目,并且前者对总体收入差距的贡献和解释力,还处于持续扩大的过程中(陆铭、陈钊,2004;李实、史泰丽和古斯塔夫森,2008)。根据中国社科院收入分配课题组的测算,按照名义城乡人均收入之比测算的我国城乡之间的收入差距,在 1995 年和 2002 年两个时点上都已经接近或超过 3;而即便进行相对价格调整之后城乡收入比的数值略有下降,我国城乡之间收入差距之高在所有发展中国家里面也是相当罕见的(史泰丽等,2008)。

众所周知,收入差距扩大与贫富分化将导致一系列负面的社会经济影响(封进、余央央,2006;王永钦等,2007),社会治安状况恶化是其中尤为引人注目的一个侧面(Benoit and Osborne, 1995)。治安方面的统计数据显示:虽然目前我国的犯罪率水平仍旧远低于西方发达国家水平,与亚洲国家相比,我国的犯罪率也处于相对较低的位次,但是改革开放以来,犯罪率的年增长速度却是西方国家的 3 至 4 倍[①]。另外,值得注意的是,除了历次"严打"运动期间和 1992 年的盗窃犯罪立案标准的重新定义[②],我国的刑事犯罪立案率几乎持续攀升。1982 年至 2007 年我国犯罪率的年均增长速度高达 9.56%,全面超过同期人均 GDP 的增长率[③]。并且,如果按照国际犯罪问题比较研究中,普遍接受的报案、立案统计误差较小的谋杀犯罪和抢劫犯罪两项指标衡量,我国 20 世纪 90 年代末以来的刑事犯罪率绝对数,要高于大多数亚洲国家,和西方发达国家的差距也明显缩小[④]。虽然较为粗糙的社会安全感方面的调查统计显示,近年民众调查时所表达的社会安全感

---

① 根据联合国毒品与犯罪办公室(United Nations Office of Drugs and Crime)所提供的联合国犯罪趋势演变与刑事司法系统运作调查(United Nations Survey of Crime Trends and Operation of Criminal Justice Systems,以下简称为 CTS 调查)的历次调查数据计算。胡联合(2006)也有类似的发现。

② 我国盗窃犯罪立案标准分别于 1984 年和 1992 年作出修订。1984 年将盗窃犯罪立案标准从 1981 年的 25 元,提高到农村 40 元、城市 80 元。1992 年又将盗窃犯罪立案标准提高到 600 元。后面一次盗窃立案标准的变更,对总量犯罪率统计的影响尤其明显。

③ 宏观刑事犯罪率数据参见:《中国法律年鉴》(1988—2007),中国法律出版社历年出版。经济增长方面的数据参见:《中国统计年鉴(2008)》,中国统计出版社 2008 年版。

④ 根据联合国毒品与犯罪办公室(United Nations Office of Drugs and Crime)所提供的第 8、9、10 次的 CTS 相关数据统计数据计算。更详细的国别比较内容请参考本书第三章。

(包括很安全、安全和基本安全)开始维持较高的水平,但是社会治安和安全问题仍然连续成为历年群众安全感调查中最为关心的三大社会问题之一①。尽管现今断言我国转型期的刑事犯罪已经构成极为严重的社会经济问题有些为时尚早,然而改革开放以来,刑事犯罪率的持续上升对社会治安的潜在不利影响,却是一个不容忽视和否认的基本事实。

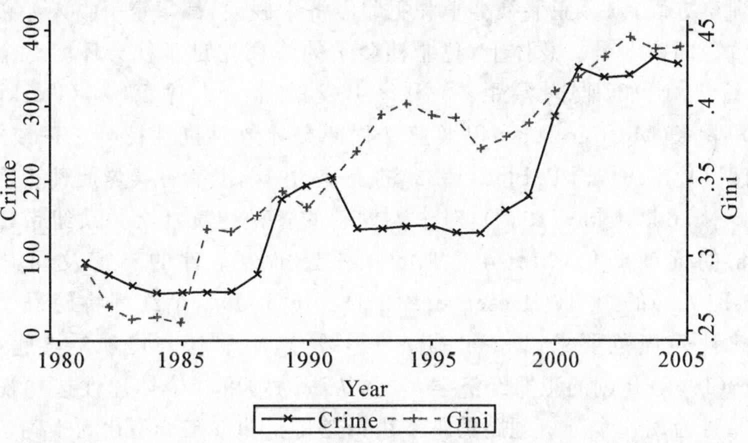

图 1.1 收入差距与犯罪率(1981—2005)②

数据来源:犯罪率为每十万人口的刑事犯罪立案数,数据来源为《中国法律年鉴》(历年);基尼系数引自:Chen Jiandong et al. A Review of the Chinese Gini Coefficient from 1978 to 2005. Tablc 3,2008,http://ssrn.com/abstract=1328998。

图 1.1 描绘了从 1981 年到 2005 年以全国加总的基尼系数度量的收入差距和反映社会治安状况变化的刑事犯罪立案率的动态演变。图 1.1 中的两条曲线走势显示,改革开放以来我国刑事犯罪率持续攀升,收入差距不断扩大,并且这两者在大多数年份都保持同周期变动的趋势。于是,如果认同 Tullock(1967)和 Becker(1968)的基本看法,即犯罪从各个方面来看都是对社会福利构成了净损失,应该被视为是一种典型的"负外部性"行为,那么从资源有效配置的规范视角看,类似图 1.1 有关收入差距和犯罪率关系的诠释,一方面提醒我们伴随着收入差距扩大,我国所付出的社会福利代价越来越严重;另一方面,如何合理有效地治理"负外部性"的犯罪行为,则是未来我国经济社会发展亟待思考的重要话题。考虑到"和谐发展"已经成为下一

① 更详细的有关社会安全感调查的相关数据,请参考国家统计局的历年全国群众安全感调查的主要数据公报(http://www.stats.gov.cntjgbqttjgb/)。

② 更为详细的收入差距指标与犯罪率指标的变动趋势,将在本书的第三章展开。

步经济社会发展的主旋律，因而，对我国转型期犯罪率演变的基本特征进行详细的考察，并对收入差距与刑事犯罪率上升二者之间可能存在的关联，展开深入的定性定量分析具有极为深刻的现实意义。

1.2 研究的思路、方法和可能的创新①

理论方面，众多犯罪社会学和犯罪经济学假说，都肯定了收入差距扩大将导致犯罪率上升。总体上，犯罪社会学的解释立足于社会环境对个体行为的型塑，比如，收入差距、贫困化引发的社会失序、混乱(Durkheim，1964)、紧张(Merton，1957)以及亚文化冲突导致对抗性社会心理或"相对剥夺感"(J. Blau and P. Blau，1982)的上升，并且，随着社会异质性程度的提高(Shaw and Mckay，1942)，对个人控制的各种传统社会关系纽带(Social Bonds)的逐渐弱化(Messner，1982)，外界机会条件的丰富及同群效应(Peer Effect)的影响(Glaeser and Sacerdote，1999)，最终都将使得个体行为偏离社会规范要求(Daniel Glaser，1979)，犯罪参与增加。与此不同，Becker(1968)开创的犯罪经济学，主张从激励约束和个体理性选择视角理解犯罪行为。这个分析理路的基本逻辑是将犯罪参与典型化为不确定条件下的最优时间配置问题；进而，收入差距扩大意味着低收入群体生存状况恶化，犯罪参与的机会成本下降、潜在收益上升，于是更多人"理性"地选择了犯罪。经过 Ehrlich(1973)，Sjoquist(1973)，Block 和 Heineke(1975)，Zhang(1997)，Chiu 和 Madden(1998)，Imrohoroglu 等(2000、2004、2006)以及 Burdett 等(2003)的不断发展和完善，现在基于不确定性条件下的时间资源配置的犯罪参与模型，业已成为研究犯罪问题的主流分析框架之一(Levitt and Miles，2004)。

与理论方面相对"一致"的预测不同，实证研究领域存在分歧。Hsieh 和 Pugh(1993)对早期犯罪社会学领域内 34 项经验研究所作的荟萃分析(Meta-Analysis)表明，其中 97％的多元回归结果都支持收入差距与犯罪率之间存在显著的正相关关系。然而，这些早期的经验分析主要集中在发达国家，由于数据限制，控制变量较少，仅限于截面数据。因此，DiIulio(1996)认为这种经验估计偏差较大，对公共政策制定的参考价值有限。并且，正如 Cornwell 和 Trumbull(1994)指出的，一般基于横截面数据的计量分析可能存在不可观测的异质性问题，从而导致估计结果出现偏误。于是，他们首次尝试利用面板数据对犯罪方程中不可观测的异质性进行控制。现在，运用

① 本节和前面一节的部分内容均参考了作者之前已经发表的论文，特此说明。

面板数据技术控制不可观测的异质性，已经成为犯罪经济学实证研究的主流。

正是沿着以上研究思路，90 年代以来，世界银行开始重视对发展中国家贫富不均、犯罪率和经济增长之间关系的实证研究，并探讨相关的政策含义（比如，Bourguignon，1998；Nilsson，2004；Demombynes and Ozler，2005；Heinemann and Verner，2006），其研究结果普遍表明收入差距对侵财犯罪存在显著影响，但是对暴力犯罪的影响不显著。随后，Kelly（2000）利用美国北卡罗来纳州分县面板数据估计了经济不平等程度与犯罪率之间的因果关系，却得出相反的结果。最近，Fajnzylber 等（2002）基于 39 个国家 1965—1995 年的非平衡面板数据的广义矩估计（GMM）发现，收入差距对抢劫、谋杀都存在显著的正向因果关系。总体上，新近运用面板数据技术的实证研究，得到一些收入差距与犯罪率关系的较为有力的新证据，但结论同样远非一致（Doyle et al，1999；Saridakis，2004），分歧尤其体现在收入差距指标的采用以及地区固定效应和时间固定效应的控制上（Soares，2004；Gibson and Kim，2008）。

如上所述，发展中国家收入不平等与刑事犯罪之间的关系，已经逐渐引起经济学家们的重视（Bourguignon，2000），但中国犯罪率的急剧上升并未引起国际学术界相应的关注[①]。国内学者尽管对我国收入不平等形成的原因及其动态表现进行了大量的探讨（陈宗胜，2000；李实，2000；陈宗胜、周云波，2002；史泰丽等，2008；李实、岁楚亮，2008；周云波，2009；Ravallion Martin and Shaohua Chen，2007；Jiandong Chen et al，2008），但是对收入不平等与刑事犯罪行为之间关系的实证研究却相对阙如。最近，胡联合、胡鞍钢和徐绍刚（2005），白雪梅、王少谨（2006），黄少安、陈屹立（2007），以及王安、魏建（2009），均运用现代计量经济学方法对该问题作出了一定的努力。但是，由于以上几项研究均基于国家层级加总的宏观犯罪数据，未能充分考虑到犯罪时间序列的稳定性与结构变化问题，即 1992 年我国刑事犯罪统计口径变化及历次“严打”对犯罪统计的影响，并且样本量较少，故回归结果的稳健性值得进一步探讨[②]。

---

① 这方面的有限例外包括 Bakken（2005）、Tanner（2005）和 Liu（2006）。Bakken（2005）主要从国际比较的视角分析中国犯罪率的变化。而 Tanner（2005）则将研究的重点放在中国特色的“运动式”刑事犯罪执法，比如“严打”政策。而 Liu（2006）则是利用 1978 年到 2002 国家层面的时间序列数据检验 Durkheim（1964）的假说。

② 以上三篇文献中经验分析部分的观测值总数均不超过 25，并且未能控制时间趋势因素或时间固定效应。

另外，值得注意的是，目前为止虽然有关收入差距与犯罪参与的研究，已经出现较为丰富的理论和经验研究文献，但是具体基于发展中国家的深度讨论却仍旧相对匮乏。尤为需要指出的是，已有对发展中国家的研究，基本仍旧停留在利用发展中国家的样本数据对犯罪经济学的经典模型进行实证检验的阶段，相反并未充分注意和挖掘发展中国家广泛存在的城乡二元结构、城市化和人口迁移等特质性经济社会因素（Zenou，2008），对收入差距与犯罪参与的传导可能存在的特异性影响。现今，尽管仍旧很难断定，不加区分地照搬基于发达国家劳动力市场假定的犯罪经济学的理论模型，对发展中国家的收入差距与犯罪参与问题展开研究，一定有错误或者不合理之处，但至少可以肯定的是，这种做法的合理性和有效性都存在进一步讨论的必要。

综合以上讨论，本书试图从以下两个方面对已有研究作出补充。首先，在详细考察中国转型期刑事犯罪演变和经济社会条件变迁的典型事实的基础上，我们将对标准犯罪经济学的分析框架进行扩展，加入发展中国家经济社会转型典型的城市化和人口迁移变量，讨论收入差距对犯罪参与的影响机制。具体而言，在理论模型分析的第一阶段，我们从 Becker（1968）和 Ehrlich（1973）的基准模型出发，在犯罪经济学的标准框架下推导收入差距和犯罪参与的比较静态，并结合中国的实际引入城市化和人口迁移变量，对标准的犯罪参与模型作出扩展。第二阶段的理论分析将和 20 世纪 90 年代以来犯罪经济学的理论研究前沿保持一致，我们引入 Chiu 和 Madden（1998）的宏观犯罪模型思路，在一个更加一般化的包含两个市场的框架下，讨论收入分配分布变动与宏观犯罪率变化的关系，并在此基础上分析犯罪治理公共政策变量对犯罪参与的可能影响。严格来说，本书的理论分析部分并未对已有犯罪经济学理论构成一些“突破性”的变革，相反我们仅仅尝试在已有标准框架内引入发展中国家社会特质的经济社会变量，探讨相应的政策内涵，并对原有标准模型在新环境中的应用作出一些创新性的解释。这种做法更应该被视为是对经典模型的补充和发展。

其次，和已有基于我国国家级层级时间序列的研究不同，本书的实证研究部分和这个领域 20 世纪 90 年代以来的实证研究的主流保持一致，我们将利用中国的省级面板数据，对转型期收入差距影响刑事犯罪参与的相关假说展开计量分析，并在收入差距与犯罪参与的定量分析框架内，详细讨论城市化变量对我国转型期犯罪参与的影响。相比已有研究，基于省级面板数据的实证研究，一方面样本量大大扩充，并且可以利用固定效应模型对犯罪供给方程中不可观测的异质性进行控制，因而可以得到更为稳健的收入差距与犯罪率关系的估计;另一方面,发展中国家特色的城市化变量的引入,也可以让我们对中国转型期收入差距与犯罪率变动之间的微观传导机制有更丰富的认识。

再者,虽然我们计量分析的第二部分同样基于时间序列数据,但是,和已有研究还是存在一定的差别。具体来说,我们将利用时间序列的协整分析,尝试对收入差距与犯罪威慑的短期效应和长期效应展开计量检验。从我们所掌握的文献来看,收入差距与犯罪威慑对犯罪参与的短期和长期效应差异,在已有研究中并没有得到应有的重视和强调。然而,从犯罪治理的公共政策设计的角度看,短期和长期效应的差异存在截然不同的政策蕴涵。

最后,也是对收入差距与犯罪参与研究框架构成重要的补充,本书第三部分的实证研究将讨论犯罪供给方程估计中的执法变量内生性问题。犯罪经济学的实证研究中,犯罪威慑始终是一个核心主题;然而,执法变量与犯罪率之间存在联立内生问题,使得犯罪威慑效应的估计一直充满争议。沿着Levitt(1997)的研究思路,基于两次“严打”运动生成的“自然实验”场景,我们将利用动态面板数据的GMM估计技术对犯罪威慑效应进行估计,以期对犯罪供给方程估计中的内生性问题做一个补充讨论。相比国际上的国别比较研究往往饱受数据不可比的困扰,中国分省之间广泛存在经济社会条件和制度文化差异,但却共享一个相对统一的司法体系,因而一定程度上本书的实证研究为犯罪经济学提供了来自发展中国家的新证据。

1.3 研究框架安排

Becker(1968)之后,犯罪经济学领域有关犯罪治理的研究主要集中在两个研究思路:其一是公共执法的犯罪威慑效应,其二是经济社会条件变动对犯罪参与的影响。犯罪威慑研究侧重于论证惩罚确定性和惩罚强度提高,导致参与犯罪的预期惩罚增加,进而理性犯罪分子将降低犯罪数量和犯罪的严重程度。经济社会条件变化对犯罪参与影响的分析,则主要关注犯罪供给的机会成本。然而,由于犯罪率上升,公共执法的边际产出提高,这将激励政府增加对公共执法的支出,受到这种联立内生性问题的困扰,有关公共执法威慑效应的估计往往得出不一致的结论(Nagin and Fisher,1978;Levitt,1997)。所以,和第二个研究思路的文献的处理方法类似,本书研究的理论模型构建和实证部分,将主要围绕收入差距或收入分布变动,对非法劳动时间和合法劳动时间之间的配置及犯罪职业选择的影响展开,并在此基础上深入探讨城市化因素,对发展中国家收入差距扩大与犯罪率上升的影响机制和相关经济政策内涵;有关犯罪治理的执法威慑讨论则更多时候

2 收入差距、劳动力市场状况与犯罪参与：一个综述*

就社会科学的研究而言，最基本的思路莫过于找到一个合适的理论框架，以此理解韦伯意义上的混沌无边的复杂世界。并且，如果这个理论框架，能够被学者们广泛地认同，可以得到更多现象事实的支持，最终跃升为某种稳健的"规律"，将对公共政策的制定具有一定的参考价值。虽然类似的方法论思想，曾经被简单地冠以"逻辑实证主义"或"工具主义"而饱受争议，但是，无可辩驳的事实却也是，对变量之间关系、"规律"的推演，并在经验中寻找相应的事实支撑，一直是现代经济学演进背后的基本逻辑。

这种方法论理路在有关犯罪问题的认识演变上，得到了充分的肯定和体现。从早期 Beccaria（1764）和 Bentham（1789）的犯罪威慑思想，到 Lomboroso（1911）的犯罪原型论，再到现代犯罪社会学和犯罪经济学对犯罪参与的研究，这个领域的研究者们试图回答的"永恒式"根本问题都是哪些因素滋生犯罪，而政府政策如何能够有效地治理犯罪。就具体收入差距与犯罪参与的关系而言，以上犯罪学研究上的"永恒式问题"也可以表述为：微观层面上收入差距如何影响犯罪分子决策，进而对宏观犯罪率有何影响，而旨在改善收入差距和低收入群体生存状况的公共政策，又在多大程度上有助于减少犯罪（Allan and Steffensmeier，1989；Polinsky and Shavell，2000）？这些问题的回答不仅涉及规范的理论模型构建，更重要的还需要利用不同国家地区经验数据，对理论假说加以考察和检验。

作为后续研究的知识起点，本章简单回顾犯罪经济学领域有关收入差距与犯罪的理论及实证研究文献。但是，和已有犯罪经济学领域的文献综述不同，比如 Cameron（1988）、Allen（1996）、Eide（2000）、Freeman（1999）、Fagan 和 Freeman（1999）、Levitt（2004）、Levitt 和 Miles（2004），以及国内的陈屹立（2007）。本章文献梳理将主要围绕 Ehrlich（1973）开创的基于不确定条件下的时间配置的犯罪参与模型展开，在此框架内评述后续研究所

---

* 本章的部分内容已经以论文形式发表于《经济学动态》（2011 年第 8 期），特此说明。

作的边际创新和贡献。其合理性源于以下两个方面的考虑：第一，定性分析方面，不确定性条件下的时间配置模型，几乎是所有早期犯罪经济学有关犯罪供给的讨论起点和标准范式，而20世纪90年代之后兴起的职业选择犯罪模型的基本逻辑，同样可以从犯罪时间配置模型的角点解条件的分析中得到一定启示。第二，从定量研究看，有关收入差距、劳动力市场状况的经验研究，主要集中在使用不同数据检验Ehrlich(1973)的基准模型所提出的收入差距、失业率、工资分布与犯罪参与之间关系的各种假说。因而，这种文献梳理方式，不仅能够更好地呈现不同理论文献内在的逻辑演进脉络，同时也可以将纷繁复杂、分歧严重的实证研究统合到一个相对一致的框架中加以审视。

除了引言，本章剩下的内容结构安排如下：第一节先讨论Becker(1968)开创的犯罪经济学的基本逻辑，继而在此基础上介绍Ehrlich(1973)的基本犯罪参与模型；第二节从个体犯罪决策模型的扩展，以及犯罪职业选择的规模效应两个角度，介绍Ehrlich(1973)之后这个研究方向的理论文献；第三节结合前面两节的讨论，从收入差距、收入水平，劳动力市场状况(具体是低收入群体工资与失业率)对犯罪率的影响，以及旨在改善低收入群体生存条件的福利政策在犯罪治理中的有效性三个方面，梳理这个领域相关的经验研究文献；第四部分是总结、评论并对本书后续的研究思路做一个简单的展望。

2.1 不确定条件下的时间配置与犯罪参与

理论方面，不同的犯罪社会学和犯罪经济学假说，试图对收入差距扩大与犯罪率上升之间的关联作出各式各样的解释，以此理解不同时点或截面上观察到的犯罪率的变化差异。总体上，犯罪社会学的解释立足于社会环境对个体行为的型塑，比如，收入差距、贫困化引发的社会失序(Liska et al，1985；Liska，1987)、混乱(Durkheim，1964)、紧张(Merton，1957；Greenberg，1985)以及亚文化冲突导致对抗性社会心理或“相对剥夺感”(J. Blau and P. Blau，1982)的上升，并且，随着对个人控制的各种传统社会关系纽带(Social Bonds)的逐渐弱化(Messner，1982a、b)，外界机会条件的丰富(Carroll and Jackson，1983)及同群效应(Peer Effect)的影响(Shaw和Mckay，1942；Glaeser and Sacerdote，1999)，最终都将使得个体行为偏离社会规范要求(Daniel Glaser，1979)，犯罪参与增加。与此不同，Becker(1968)以来的犯罪经济学，主张从激励和个体理性选择视角理解犯罪行为。这个分析理路的基本逻辑是将犯罪参与典型化为不确定条件下的最优时间配置问题;进而,收入差距扩大意味着低收入群体生存状况恶化,犯罪参与的机会成本下降,潜在收益上升,于是更多人“理性”地选择了犯罪。本节首先介绍 Becker(1968)有关犯罪参与的理性选择框架,进而在此基础上讨论 Ehrlich(1973)基于不确定性条件下的时间配置的犯罪参与模型,勾画犯罪经济学领域理解收入差距与犯罪关系的基本逻辑。

尽管,思想上可以追溯到 Beccaria(1764)和 Bentham(1789)有关犯罪威慑的思考,然而,现代犯罪经济学的研究,普遍认为是发端于 Becker(1968)的开创性工作(Block 和 Lind,1975)。Becker(1968)所开创的理解犯罪行为的理路,和以往犯罪学或犯罪社会学的研究最大的不同在于,强调稳定偏好的犯罪分子正常人类似对激励有反应,“仿佛(as-if)”按照成本收益计算预期效用最大化决定最优的犯罪活动供给(Ehrlich,1972、1973);而公共执法则根据犯罪威慑的收益和公共资源耗费之间的权衡确定最优的犯罪威慑规模。就犯罪参与而言,Becker(1968)认为潜在犯罪分子“仿佛”在求解一个不确定条件下的预期效用最大化问题,即:

$$EU = (1-p)U(Y) + pU(Y-F) \tag{2-1}$$

其中,Y 是行为者在犯罪活动中收益,p 为被惩罚概率,F 代表对犯罪活动的惩罚程度①。不难发现,不论惩罚概率上升,还是惩罚程度增加,都将降低行为者的预期效用水平,进而减少犯罪供给。因而,这个意义上,Becker(1968)的犯罪理性选择理论,也被称为犯罪威慑模型(crime deterrence model)。

和 Becker(1968)关注犯罪威慑不同,Ehrlich(1972、1973)主要从劳动力市场的时间配置角度,对犯罪参与的成本和收益展开详细分析。但是,Ehrlich(1973)对收入差距和犯罪关系讨论的基本理论内核,还是式(2-1)所概括的犯罪理性选择框架。加入劳动力市场因素的考察后,Ehrlich(1973)的模型中,犯罪分子将通过选择非法市场劳动时间配置(t_i)最大化预期效用。进而,Becker(1968)的式(2-1)将转化为:

$$EU = (1-p)U(I_1, t_c) + pU(I_2, t_c) \tag{2-2}$$

其中,t_c 为闲暇消费。于是,在时间资源约束 T 下,通过求解式(2-2)的一阶条件,可以得到最优犯罪时间配置 t_i 和合法市场工资率(w_l)、非法市

① 犯罪行为者被逮捕时,常用惩罚形式包括罚款和监禁。前一种情况下惩罚的货币价值明确,而后一种情形下货币价值并不明显。但许多作者(比如,Ehrlich,1973、1996)都指出,监禁成本可以通过劳动市场工资收入损失加以近似,所以,这个意义上不直接体现为货币成本的监禁对模型分析不构成根本挑战。

场工资率（w_i）以及惩罚概率（p）及惩罚程度（f_i）之间的隐函数关系。进一步，从一阶条件条件定义的隐函数关系出发，可以求解不同变量对最优犯罪时间配置的比较静态，因而可以得出不同变量对微观犯罪时间配置的影响。

就收入差距与犯罪的关系，这篇经典文献的论证逻辑上由层层递进的三个部分组成。首先，由式(2-2)一阶条件的推导可以发现，合法市场和非法市场的工资率差距扩大，一方面通过内点解的替代效应，使已有犯罪市场的参与者增加非法劳动中的时间分配；另一方面则是角点解的"犯罪门槛效应"或规模效应，即犯罪市场的进入门槛下降，更多原来只参与合法市场的行为者，也开始在非法市场上分配劳动时间（Grogger，1998），这两个效应的共同作用导致犯罪参与增加。其次，由于非法市场工资率无法直接观测，但是如果主要考虑侵财犯罪，则高收入群体的收入均值可以作为非法市场工资率的代理变量，于是，两个市场工资率差异刚好对应于宏观上的收入差距度量，进而，宏观市场犯罪供给函数将是合法市场工资和非法市场工资率分布，共同决定的一个联合累积概率密度函数。最后，总体收入水平的提高对犯罪参与将产生替代效应和规模效应（陈春良、易君健，2006）。二者方向相反，前者降低了犯罪参与；而后者意味着若相对收入差距不变，收入水平提高，绝对收入差距将拉大，犯罪参与增加。所以，收入水平对犯罪参与的影响并不确定（Deutsch et al，1992）。

2.2 基本犯罪参与模型的扩展分析

20世纪70年代，犯罪经济学领域讨论的焦点是Becker（1968）的犯罪威慑模型（Ehrlich，1996），以及由此派生出来有关死刑的威慑效应的广泛争论（Ehrlich，1975、1977a，b）。这样一个背景下，Ehrlich（1973）从时间配置角度对犯罪参与的讨论所激发的后续研究较为有限，理论模型的构建方面尤其如此。Sjoquist（1973）、Block和Heineke（1975）、Witte（1980）、Deutsch等（1992）、Eide（1995，2001）、Zhang（1997）以及Grogger（1998）等人的文章，分别在Ehrlich（1973）的比较静态分析框架下，通过引入更多变量或者放松相关假定，对犯罪参与问题做了更进一步的探索。与此不同，Chiu和Madden（1998）、Fender（1999）、Imrohoroglu等（2000、2004、2006）、Burdett等（2003、2004）以及Huang等（2004）则从角点解和职业选择入手，对Ehrlich（1973）的模型作了扩展，强调职业选择的规模效应和相关公共政策在理解收入差距与犯罪率关系中的重要意义。

2.2.1 基于犯罪决策过程的扩展

事实上，不论 Becker(1968)，还是 Ehrlich(1973)的模型，犯罪参与决策模型均异常简单。这一方面和复杂的传统犯罪社会学形成了鲜明的对比，同时又不失强大的解释和预测能力，但是，另一方面确实又显得与复杂多面的犯罪现象多少有些不相称。为此，不少后续研究者均试图在基本的理性选择框架下，引入更多变量，进一步丰富犯罪参与模型的讨论。总体上，这个方向上的拓展，主要试图对犯罪活动的决策过程作更加多维化的考察，指出合法劳动和非法活动“精神和道德成本”不同(Block and Heineke，1975；Witte，1980；Davis，1988)、收入差距存在参考组问题(P. Blau and J. Blau，1982)，以及威慑惩罚存在个人感知差异等(Piliavin et al，1986；Sah，1991)。将这些犯罪决策的新特征纳入考虑后，Ehrlich(1973)简洁明确的比较静态结论需要添加更多条件才能成立。

Sjoquist(1973)的文章主要从定量分析角度，对收入差距与犯罪率的关系展开讨论，其理论部分的基本分析内核和 Ehrlich(1973)的劳动参与模型一致。细节上，Sjoquist 的行为者效用函数中并没有包含闲暇消费，行为者只在合法劳动和非法劳动中分配时间；但是，由于时间约束是一个紧约束，所以他得出的收入差距与犯罪参与的比较静态结果，和 Ehrlich(1973)模型的预测相同。与此不同，沿着类似的不确定性条件下的时间配置思路，Block 和 Heineke(1975)对 Ehrlich(1973)模型做了进一步的扩展，但是得出的比较静态结论却有较大差异。Block 和 Heineke(1975)与 Ehrlich(1973)模型的主要分歧体现在行为者效用函数和惩罚概率函数的设定上。Ehrlich(1973)模型中合法劳动和犯罪的区别仅仅体现在后者的收益存在风险和不确定，两个市场的劳动参与从时间耗费或收入角度看没有差异，时间通过转化为工资收入间接进入效用函数；但是，Block 和 Heineke(1975)的模型里面，犯罪时间和合法市场劳动时间不仅从工资函数转化进入行为者的效用函数，同时两个市场的劳动时间也直接进入效用函数。再者，就公共执法变量而言，Ehrlich(1972、1973)的模型里面惩罚概率是政府公共执法支出的函数，但是在 Block 和 Heineke(1975)的文章里，惩罚概率变成一个随机事件，其概率分布依赖于行为者的信念和风险感知。综合起来，Block 和 Heineke(1975)的文章里行为者预期效用最大化变为：

$$\max_{L,T}\int U[L,T,W^0+rL+(V-\alpha F)\theta]f(\alpha)\mathrm{d}\alpha \tag{2-3}$$

其中，L、T 分别为合法市场和非法市场的时间分配，W^0 为初始财富水平，r、V 分别是合法市场和非法市场的工资率，θ 为犯罪活动的数量，α

为随机惩罚概率，F 是惩罚程度，$f(\alpha)$ 是依赖于个人信念和信息的惩罚概率的分布。

仔细比较式(2-2)和式(2-3)，不难发现，首先，相比 Ehrlich(1973)的模型，在 Block 和 Heineke(1975)的文章里面，犯罪活动和合法市场劳动不仅带来一定的不确定收益，两种活动上的时间分配也耗费"成本"，即 $U_L < 0$，$U_T < 0$ 。进一步，单位时间在合法活动和犯罪上的"精神道德成本"差异可以表示为：$U_L - U_T$ 。正是这一点上 Block 和 Heineke(1975)与 Becker(1968)以及 Ehrlich(1973)有了重要的区别。因为，这里分配在两种活动上的时间，将引致不同的"精神或道德成本"，而早期的模型都隐含的假定这方面的成本均已经进入工资收入函数故而不作讨论(Eide,1995；Zhang,1997)。于是，可以想象，原来 Ehrlich(1973)的标准比较静态结果，这时候需要添加更多的有关个人"道德或精神成本"的假定条件才能成立。比如，非法市场的工资率上升，在 Ehrlich(1973)的比较静态推导里，将激励行为者在犯罪活动上配置更多时间，但是在 Block 和 Heineke(1975)的模型里面，还需要补充犯罪活动不能具有"低档"特征，即财富效应不能为负。类似的，Deutsch et al(1992)也是引入财富效应的讨论，指出收入差距对犯罪参与的影响并不明确。

其次，值得注意的是，不论 Becker(1968)还是 Ehrlich(1973)，惩罚概率都是公共执法支出与犯罪规模的函数，但是，式(2-3)的设定却指出惩罚概率依赖于个体信息和信念模式的随机概率分布，而这和收入水平对应的生活环境和圈子有很大关系(Piliavin et al,1986；Sah,1991；Glaeser and Sacerdote,1999)。因而，相应的 Ehrlich(1973)的比较静态结果，也变得更加不明确。正是从这一点出发，Sah(1991)的模型更加明确地将有关惩罚的信念、信息差异引入犯罪决策方程，证明相同的收入差距或收入水平群体可能表现出截然不同的犯罪参与模式，进而，可能出现多种收入分配状况与犯罪率匹配的均衡。当然，这其中的关键在于个人所获得信息、所持有的信念和所接触的环境等因素的不同。

沿着类似的思路，强调犯罪活动和合法劳动之间存在更本质①的差别，Witte(1980)在 Block 和 Heineke(1975)模型的基础上，将犯罪和合法劳动进一步区分为四种情况：非法劳动、合法劳动、非法消费和合法消费。相应的，这些活动上的时间分配，均以直接和间接两种形式进入效用函数。因而，不难想象，所得出的有关收入差距、收入水平和犯罪参与的比较静态结

① 注意，这里更本质是行为意义上的描述，而非弗里德曼的工具式差异。

论需要补充更多假定条件。略微有些不同,Davis(1988)的犯罪模型则假定,从动态角度看,非法收入和合法收入的折现率存在差别,前者根据市场贴现率进行折现,而后者必须按照市场贴现率加上惩罚概率贴现,所以惩罚概率相比惩罚强度有更强的威慑效应,于是,收入差距对犯罪参与的激励下降。另外,在一篇很著名的文章里,社会学家J. Blau和P. Blau(1982)指出收入差距存在参考组效应问题,即收入差距对犯罪参与的激励不仅要考虑绝对距离效应,同时还必须注意到收入差距引发的社会心理情感式紧张,有具体的参考指向特征,比如,黑人可能就和黑人比,而白人就以白人作为收入参照组。这种理论的一个直接推论就是,考察收入差距对犯罪率的影响,还必须将收入差距作进一步的分组分解。

至此,从以上文献梳理不难看出,后续对Ehrlich(1973)模型的拓展和讨论,单纯从决策理论来看,实际上都试图将Becker(1968)和Ehrlich(1972,1973)的单维偏好的决策模型,转化为附带更多行为要素的多维偏好决策模型。这样做的一个直接后果,显然就是经典的比较静态结果现在变得更加不确定。一定意义上,也是以上思路的延续,Eide(1995、2001)另辟蹊径从效用函数的设定上对Ehrlich的劳动时间配置模型的进行拓展。值得注意的是,从Becker(1968)到Ehrlich(1973)以及Block和Heineke(1975),行为者都被假定为具有VNM型效用函数。决策理论研究方面,这种预期效用函数构造在70年代末和80年代受到极大的挑战。时至今日,虽然断定新效用函数将取代VNM成为应用微观决策基础仍旧武断,但是引入不同的效用函数设定,确实为决策行为的例外情况作出更好的解释。就犯罪这种较为"异常"的行为而言,情况可能更是如此。这方面,Eide(1995,2001)的贡献在于尝试利用RDEU(依序期望效用函数)替代传统的期望效用函数,对犯罪参与重新建模。值得注意的是,他发现绝大多数原先的比较静态结果,在更广泛的RDEU的框架中仍然可以成立,非法收入对犯罪参与的激励效应和财富效应,都与Ehrlich(1973)的比较静态结果保持一致。

2.2.2 基于角点解条件与职业选择模型的扩展

有关合法市场、非法市场工资率差异与收入差距之间的对应或过渡,Ehrlich(1973)仅仅猜测性地指出,犯罪供给函数可以视为是合法市场和非法市场工资分布共同决定的一个联合累积概率密度函数,就详细的技术细节并没有太多论证。对此,后续补充主要体现在以下两个研究进路上:其一从计量方法论角度,讨论犯罪参与的微观模型与宏观数据的检验对应问题(Witte,1980;Berk et al,1981;Ehrlich,1983;Piliavin et al,1986;Heineke,

1988；Levitt，2004）；其二从工资分布函数切入，推导收入分配的洛伦兹函数，进而直接对收入差距与犯罪率变化关系进行论证。后面这种研究思路，技术上典型的是从 Ehrlich（1973）的角点解讨论为起点，讨论犯罪市场职业选择的规模效应，因而，也被 Chiu 和 Madden（1998）称为是宏观犯罪模型。值得注意的是，以收入分布函数为基点的模型构建，在最近劳动市场状况与犯罪参与的研究文献中普遍受到重视（Fender，1999；Imrohoroglu et al，2000、2004、2006；Burdett et al，2003、2004）。

2.2.2.1 微观参与模型与宏观数据的对应

不论 Becker（1968）还是 Ehrlich（1973），其犯罪参与模型实际上讨论的都是微观个体决策行为，因而，理论上最理想的实证检验应该是基于随机的微观个体层面数据。但是，事实上，迄今犯罪经济学领域只有相当有限的几项研究利用微观个体数据，比如，Witte（1980）、Berk et al（1981）、Witte 和 Tauchen（1994）以及 Mocan 和 Rees（2005），相反绝大多数的研究都使用宏观层面的加总数据。从实证研究角度，这样做的合理性至少有以下几个方面：首先，微观调查数据收集相当困难，从已有研究看，数据的主要来源是对刑满释放分子的有限时间的跟踪调查，以及美国年轻人的长期调查（NLSY），系统性的随机数据几乎没有；其次，以访谈、问卷调查的微观数据可能存在高度的自选择（self-selection）问题和测定性误差（measurement error）问题（Levitt，1996）；最后，选择罪犯展开的调查也存在难以回避的样本选择（sample selection）问题。虽然，理论上可以用标准的 Heckman 两步法加以校正，但是所得出的研究结论却往往饱受争议，比如 Witte（1980）、Piliavin et al（1986）。所以，这个意义上，Heineke（1988）认为，加总的宏观数据可能优于微观个体数据。再者，Ehrlich（1981、1996）和 Heineke（1988）更是恰当地注意到，从理性选择的方法论看，犯罪参与模型的基本核心是市场或统计层面上的激励调整问题，而非立足于个体层面的控制。正是出于以上几个原因，现今用宏观数据检验微观犯罪参与模型，几乎是犯罪经济学实证研究的惯例（Ehrlich，1996；Levitt，2004）。

2.2.2.2 角点解条件与职业选择的规模效应

尽管从实证研究角度出发，我们可以认为相比较微观数据，宏观数据在检验犯罪参与模型中有相对优势。但是，从理论探讨看，如何从收入差距过渡到宏观犯罪率，仍旧是一个值得深入展开的话题。就这个研究方向而言，一个比较直观的想法是，收入分布变动将影响边际或临界工人的犯罪市场进出决策，于是，对应的犯罪市场“门槛工资率”的调整，将匹配不同的犯罪市场规模，即宏观犯罪率。这个意义上，这种研究进路可以视为是 Ehrlich

(1973)有关犯罪参与的角点解讨论的延续和拓展。另外，一定程度上也是这个分析思路的自然展开，许多学者都开始注意到收入差距、劳动力市场状况对犯罪参与的激励影响，存在广泛的福利内涵(Benoit 和 Osborne，1995；Grossman，1995)。因而劳动力市场政策或福利政策是否有利于改善劳动力市场状况、降低犯罪参与激励，进而对社会福利的影响如何，也成为政策分析的一个重要主题。目前，这个方向上有代表的文献包括：Chiu 和 Madden(1998)、Fender(1999)、Imrohoroglu 等(2000、2004、2006)、Burdett 等(2003、2004)、Huang 等(2004)、Engelhardt 等(2008)，而典型的分析技术则是劳动搜寻框架。

在详细梳理这些文献之前，回到 Ehrlich(1973)的基准模型，对其角点解条件展开讨论对更好地理解后续文献的基本逻辑有一定帮助。通过对行为者预期效用最大化问题的库恩—塔克条件展开分析，可以推导出行为者参与犯罪市场的"门槛条件"是：

$$(1-p)(w_i-w_l)+p(w_i-w_l-f_i)>0 \tag{2-4}$$

其中，p 为惩罚概率，w_i 、w_l 分别为非法市场和合法市场工资率，f_i 为边际惩罚率。实际上，将合法市场收入和非法市场收入分离开来，式(2-4)也可以移项整理为：

$$(1-p)w_i+p(w_i-f_i)>w_l \tag{2-5}$$

注意到式(2-5)左边是参与非法市场的预期工资率，右边则是合法市场的工资报酬率。因而，式(2-5)意味着行为人参与非法市场的充分必要条件是，第一个单位的劳动时间在非法市场上边际收益，即非法市场的预期工资率，必须超过合法市场的工资率。这个犯罪市场的"门槛条件"，以及由此对应的犯罪市场的最低参与工资水平，几乎是所有劳动视角研究犯罪问题的直接起点。以下各个模型，基本思路都是探讨收入分配状况的变化，影响犯罪市场的最低参与工资水平，进而影响犯罪市场的参与规模和宏观犯罪率。

逻辑上，Chiu 和 Madden(1998)的工作，正是 Ehrlich(1973)的微观犯罪参与模型的自然延续。但是，与 Ehrlich(1973)不同，Chiu 和 Madden(1998)试图直接论证收入差距和宏观犯罪率的关系①。在这篇经典文献里面，Chiu 和 Madden 从工资分布函数入手，讨论工资分布的变化如何影响

---

① 有意思的是，Chiu 和 Madden(1998)将 Becker(1968)之后的犯罪经济学领域的理论研究文献分为三大类：第一是以 Ehrlich(1973)为代表的微观犯罪参与模型；第二是以 Polinsky 和 Shavell(2000)为代表的最优犯罪威慑理论的探讨；第三则是宏观犯罪经济学。他们把自己这篇文献归入第三类。

边际犯罪参与个体的决策，进而这又将影响到进入犯罪市场的行为个体数量。具体设定方面，群体中的高收入个体权衡高质量住宅所带来的效用增加，以及由此引致的以一定概率成为盗窃犯罪受害者的损失，而低收入个体则在安全的合法劳动和参与有风险但高收益的盗窃之间进行权衡。于是，住房市场出清和犯罪市场进出均衡条件下，当惩罚概率较大而盗窃的损失份额较小时，可以得出唯一的均衡进出犯罪市场的边际收入。此时，居住在低质量房子中的临界行为者，参与有风险的盗窃和合法劳动之间的权衡，盗窃市场参与的“门槛条件”可以表达为：

$$y^c = \frac{\beta(1-p)}{p}[m(V) - r] \tag{2-6}$$

假定被捕后，盗窃受到的惩罚是没收所有收入。式(2-6)中，β 代表成功盗窃可以从被侵害对象处获得收入比例，p 代表惩罚概率，$m(V)$ 为盗窃受害者的平均收入，而 r 是房子价格。因而，式(2-6)的内在逻辑和式(2-5)的角点解条件完全一致，即收入为 y^c 的边际行为人在盗窃和合法劳动之间没有差异，但是低于收入 y^c 的都将参与犯罪，于是，整个经济中的犯罪率为所有收入低于进入犯罪市场的临界收入的人口占比。

在以上唯一均衡存在的相关参数假定条件下，Chiu 和 Madden(1998)的分析指出收入差距扩大对犯罪率的影响主要体现在以下三个渠道：第一，新收入分配相比原收入分配，高收入群体的收入均值上升，即式(2-6)中的 $m(V)$ 增加；第二，新收入分配下高收入群体的最低收入下降，由于所有高收入的个体都选择居住高质量的房子，所以房子价格 r 将下降 y^c 上升；第三，新收入分配下低收入群体最高收入水平下降，这意味着将有更多的行为人符合进入盗窃市场条件犯罪率上升。综合起来，Chiu 和 Madden(1998)的文章中，收入差距一方面是增加了犯罪的潜在收益，即非法活动对合法劳动的替代效应；另一方面则是通过规模效应，即更多人符合进入犯罪市场的条件，进一步强化了犯罪对合法劳动的替代。

Chiu 和 Madden(1998)的文章首次逻辑一致地从收入分布函数出发，证明了收入分配恶化或不平等，将导致盗窃犯罪率的上升，这是对 Ehrlich(1973)模型的一个极为关键的补充。但是，这篇文章的“缺憾”同样不容忽视，除了需要一系列相当严格的参数条件以保证均衡存在的唯一性，还需要注意的是，他们的收入差距的比较也较为特殊，必须是指相对原来收入分配状况的系统性恶化，要求保证高收入组收入均值上升而最低高收入下降，并且低收入组最高收入下降。另外，一定程度上也是为了集中讨论收入差距与盗窃犯罪的关系，Chiu 和 Madden(1998)对私人产权保护和公共执法威慑几乎未置一词，只是简单的假定。高收入者权衡高质量住房的边际效用的增加和作为盗窃侵犯目标的概率上升，没有考虑高收入者可以通过购买私人安全设施①，或者购买公共执法威慑以保护产权②。公共执法的威慑在这篇文章里面是一个外生变量，只是简单地以惩罚概率的形式加以讨论，对更复杂的税收、福利支出，以及公共执法产出的效率均缺乏深入的展开。

就以上提到的两个方面而言，Fender(1999)的文章刚好反了过来。Fender(1999)较为详细地讨论了公共执法支出的犯罪威慑问题，但是相反却使用了极为特殊的均匀分布的收入分布函数。所以，在 Fender(1999)的犯罪参与的一般均衡模型里，收入差距主要通过规模效应影响犯罪率。值得注意的是，按照 Chiu 和 Madden(1998)，以及 Fender(1999)模型的基本逻辑，一个自然的推论就是，旨在改善收入分配状况的累进型税收，或者对低收入群体的福利补贴，将对犯罪率的下降有促进作用。事实上，这也是两篇文章政策分析部分的主要内容之一。然而，针对这种对公共支出福利内涵的“乐观”假定，不少研究都指出，当公共执法威慑的生产效率低下(Benson et al,1994;Grossman,1995)，以及福利项目的施予对象的甄别成本较高时(Benoit and Osbore,1995;Imrohoroglu et al,2000)，则旨在改善收入分配状况的税收或福利项目支出增加，还可能导致犯罪率上升。

这方面，Behrman 和 Craig(1987)注意到公共执法类公共服务的配置存在效率和公平之间的权衡问题。Benson 等(1994)指出执法部门的官僚特性，可能是公共执法支出增加、犯罪率反而上升的一个重要原因。Grossman(1995)则详细地讨论了工资补贴和总额补贴，在改善阶级对抗性行为中的作用有差别。他的模型的一个更一般性推论是，旨在改善收入分配状况，进而影响社会对抗行为的公共政策，其效率将敏感依赖于公共生产以及私人在合法及非法市场上的生产函数性状，以及福利项目对个体收入弹性信息的了解。类似的，Benoit 和 Osbore(1995)则认为收入再分配和公共执法都可以起到降低犯罪率的作用，但是当旨在改善收入差距的福利政策无法甄别潜在个体是否犯罪时，那么这种福利政策对犯罪的影响可能为正。

---

① Clotfelter(1977)注意到私人威慑和公共威慑的差别，指出后者存在规模收益和溢出效应问题。Levitt 和 Ayres(1998)的实证研究，则指出私人汽车的“Lojack”系统同样存在威慑效应溢出。

② 在文章的最后一部分，Chiu 和 Madden(1998)有给出一个段落补充讨论高质量房子中的行为者可以通过购买更好的私人防护设施以降低犯罪，于是高收入地区的犯罪率相对低收入地区可能下降。显然，这种论证忽略了公共执法的公共产品性质和外溢性问题。

一定意义上是以上思路的综合，Imrohoroglu 等（2000、2004、2006）将收入差距、公共执法以及福利补贴，纳入到一个包含犯罪行为的一般均衡模型进行讨论。在 Imrohoroglu 等（2000）的基本框架里，个人潜在生产能力的差异导致其在劳动市场上的工资收入有差别，收入能力差异分布越离散，收入差距状况恶化犯罪率上升；相反，收入能力均值上升，则将通过抬高犯罪市场的"门槛工资"导致犯罪率下降。考虑到行为者决策在所有犯罪选择模型中的核心地位，以下对 Imrohoroglu 等（2000）模型这部分的内容略作展开。具体而言，行为者如果参与合法劳动，则可能处于三种收益状态：高于保留工资率对应的收入能力的行为者，或者是受到犯罪侵犯损失部分劳动所得；或者保存所有的合法收入，但是都必须缴纳两种比例税收分别用于支付公共执法威慑和收入再分配的福利项目，以及一种总量税收用于支付政府的日常开支，同时可以获得福利补贴；低于保留工资率的行为者失业只获得福利补贴，不用支付任何税收，也不会受到犯罪侵害。而非法活动侵害的是合法劳动的工人，非法活动参与者的收益状态也有三种可能：参与犯罪未被惩罚则收益等于被侵害对象净税收后（扣减税收加上转移支付）收入的一个比例，加上未被惩罚可以领取的福利补贴；参与犯罪被惩罚则只能获得一个最低消费；最后，选择犯罪但是没有找到犯罪对象，收益为福利补贴。通过求解合法市场参与的最优化问题，可以发现高于保留工资对应的收入获取能力的个体将参加合法劳动供给，而低于这个收入获取能力的个体将被迫选择失业。类似的，求解非法市场行为者的最优化，可以得到进入非法市场的门槛工资对应的收入能力，如果这个值大于保留工资率对应的收入能力，则非法市场的门槛工资对应收入能力以下的个体都将选择犯罪；反之，则经济中犯罪率为零。

综上，Imrohoroglu 等（2000）得出，能力分布越离散，则非法市场的门槛工资率对应的收入能力上升，即将有更多个体适合选择犯罪作为职业，犯罪率上升；而收入能力的均值上升，则意味着进入犯罪市场的机会成本上升，犯罪率下降。仔细观察以上行为决策的设定也不难发现，由于福利补贴对参与犯罪但并未被惩罚的行为人没有作出筛选，同时福利补贴的税收只向雇佣工人收取，犯罪行为人并没有支付这部分税收，这两个方面实际上都降低了犯罪参与的机会成本，同时也造成对低收入群体合法劳动激励的扭曲。所以，这篇文章得出的一个重要结论就是，如果福利项目的实施需要很高的监督成本，并且对参与犯罪市场和合法劳动市场未能作出区分，则福利项目规模扩大将可能导致犯罪率上升。另外，值得注意的是，Imrohoroglu 等（2000）设定的行为者效用函数形式相当特殊，对行为人在劳动市场中的雇佣问题也缺乏更详细的讨论，2004 年和 2006 年的两篇文章则对此作了补充，但是，核心的论证思路和基本结论都和之前的文章保持一致，所以此处不再详细展开。

事实上，从 Chiu 和 Madden(1998)到 Imrohoroglu 等(2000)，我们发现后续对收入差距与犯罪率之间关系的讨论，更加侧重于考虑 Ehrlich(1973)的角点解情况，已经从在早期的劳动时间配置模型，逐渐过渡到合法劳动和非法犯罪之间的职业选择问题。Burdett 等(2003、2004)发展的包含犯罪活动的搜寻模型是这方面的开创性贡献。Burdett 等(2003、2004)文章的讨论起点同样是"犯罪门槛"问题。首先，经济中的雇佣工人和失业人口，根据预期犯罪收益大于零参与犯罪市场，而预期收益小于零则继续停留在合法市场中以一定的概率得到一份工资合同，并且也有可能失业。这样，行为者的选择可以表达为一个动态优化问题，于是，相应的可以分别写出失业人口和雇佣工人的贝尔曼方程。显然，雇佣工人将接受任何高于现职工资的工资合同，因而，根据经典的搜寻模型可以得出一个保留工资率 R，即只有当工资高于保留工资率时，行为者才选择参与劳动供给。另外，注意到，合法工资率提高犯罪激励将下降，所以，失业人口参与犯罪的充分必要条件是具有保留工资率的工人选择犯罪。进一步考虑雇佣工人的犯罪问题，通过求解"犯罪门槛"问题，即第一个单位的预期犯罪所得等于合法工资收入，这样就可以得到和 Ehrlich(1973)以及 Grogger(1998)类似的犯罪市场的门槛工资率 C，任何工资高于 C 的工人将不进入犯罪市场，而工资低于 C 的工人将选择以犯罪为业。

Burdett et al(2003)文章的基本逻辑正是基于这两个工资率关系讨论的展开。如果 $R \leqslant C$，即保留工资率小于犯罪门槛的工资率，则这意味着所有的失业人口都将参与犯罪，而雇佣工人中工资低于 C 的也将选择犯罪；而如果 $R \geqslant C$，这时候有两种情况，如果所有失业人口都不选择犯罪，则整个经济中的犯罪率为零；而若有部分失业人口的收入仍旧低于 C，这将意味着雇佣工人都不参加犯罪供给，经济中犯罪人口仅仅为预期收益较低的那部分失业工人。根据以上分析，我们实际上可以把劳动市场的搜寻和流动分为四种可能状态：高雇佣工资（e_H）、低雇佣工资（e_L）、失业（u）和监禁（n）。其中，高雇佣工资意味着工资合同高于犯罪市场的门槛工资率 C。这样一来，可以通过求解稳态得出犯罪率。进而，工资分布中高收入和低收入人口分布下降，而中间工资部分的人口分布增加，那么这种工资分布变化将导致犯罪门槛工资率以下的人口减少，犯罪率下降。另外，值得注意的是，就公共执法威慑、收入差距以及犯罪率的关系而言，和以上梳理的文献不同，Burdett 等(2003)发现，公共执法威慑的增加，不仅降低犯罪率，同时还通过降低犯罪门槛工资率，进而有助于收入(工资)差距的改善。

应该说，Burdett 等(2003)利用搜寻模型来研究工资差异与犯罪率之间的关系，是对之前犯罪职业选择模型的一个重要补充。现今，这个新的犯罪参与研究思路已经开始受到重视和挖掘。后续，Burdett 等(2004)从在职搜寻(on the job search)角度对 2003 年的模型作了补充。而 Huang 等(2004)在同样的搜寻框架下将教育人力资本投资内生化，分析人力资本投资决策、劳动力市场状况与犯罪率之间的动态关系。他们的研究指出，以上三者关系可能存在多态均衡：其一，劣均衡，即高犯罪率、低人力资本投资、高失业率、贫困；其二，优均衡，即低犯罪率、高人力资本投资、低失业率。这个模型中个体初始时可以有两种决策：第一，以一定代价参加人力资本积累，潜在正规劳动市场的边际报酬上升，由此确定最优教育投资规模；第二，不选择人力资本积累，则根据合法劳动市场与非法劳动市场的工资率差异配置劳动时间。最终，Huang 等(2004)的分析表明：劳动市场效率改善或劳动生产率提高，都将激励更多的教育投资，进而合法劳动参与增加，失业率和犯罪率均下降；而高掠夺率和劳动市场分割进入成本高昂，倾向于降低教育投资，失业率增加犯罪率相应也上升。这个研究方向最近的一篇文献是 Engelhardt 等(2008)。这篇文章从劳动合同结构角度，对 Burdett 等(2003)的模型进行了扩展，强调公共政策对失业人口和就业或雇佣人口的不同影响。他们发现，失业保险政策将导致失业人口的犯罪率下降，但是对就业人口的犯罪率影响取决于工作时间长短和监禁惩罚的强度；进一步，利用美国的数据进行模拟时，他们还发现微小的工资补贴降低雇佣和失业工人的犯罪参与，社会福利得到改善；但是，和 Burdett 等(2003)的结论不同，公共执法支出虽然对犯罪率有降低作用，但是对劳动力市场状况的改善却基本没有贡献。

2.2.3 小结及评价

至此，我们从 Ehrlich(1973)的基本模型出发，分别从内点解的劳动时间配置以及角点解的职业选择两个角度，对收入差距与犯罪率关系的理论研究文献进行了梳理。一定意义上，后续理论研究都可以视为 Ehrlich(1973)模型的完善和发展。这些模型中收入差距对犯罪的共同传导机制均体现为两个效应：即一方面收入差距扩大增加了犯罪活动的潜在收益，从而行为者将分配更多的时间在非法市场，这是典型的替代效应；另一方面，收入差距同时又通过职业选择，降低进入犯罪市场参与的门槛工资率，进而使得更多行为者适合进入犯罪市场，这种规模效应强化了前面的替代效应，犯罪率进一步上升。

必须注意,虽然总体上收入差距对犯罪参与的积极影响,已有理论研究中大致可以有一致意见,但微观传导机制不乏纷争和分歧。有些作者强调收入差距的潜在收益激励的重要性,而有些则认为收入水平效应或财富效应才是关键,后者在犯罪社会学的研究中有许多体现(Allen,1996)。更重要的是,就公共政策而言,近年基于一般均衡和搜寻理论的研究都表明,即使收入差距改善有利于犯罪率下降,但是如果旨在改善收入差距或低收入群体生存状况的福利和劳动市场政策,实施成本和甄别成本较高,则这些政策往往可能造成更大的社会福利扭曲,犯罪率可能反而上升。因而,不论是公共政策评价还是理论研究,对收入差距、劳动力市场状况和犯罪率之间的微观传导机制的定量研究都显得极为必要。

2.3 收入差距与犯罪的经验研究

Block 和 Heineke(1975)的经典文献曾指出,由于犯罪决策方程的比较静态结果敏感依赖于进入效用函数的变量,因而,理解犯罪参与行为的关键不在理论上的创新,相反应该是从实证角度对这些具体效应进行估计。一定程度上,正是受到这种论断的影响,与理论方面的相对"贫瘠"不同,Ehrlich(1973)以后犯罪经济学领域有关收入差距与犯罪率关系的定量研究出现了极为丰富的文献。虽然选择的变量、检验方程的设定以及数据类型存在广泛差别,但总体上早期研究多数基于发达国家截面数据或国别比较,90 年代之后基于发展中国家的面板数据,以及更微观层面的劳动力市场过渡机制的计量研究开始受到重视。和之前理论部分基于 Ehrlich(1973)的分析框架梳理文献演进脉络的做法类似,本节先给出一个收入差距与犯罪率关系定量研究的典型框架,然后在此基础上分三个部分梳理相关的经验研究文献。

2.3.1 典型的犯罪供给方程的估计

根据理论部分推导的 Ehrlich(1973)的基本模型,一个典型的犯罪供给函数可以写为:

$$Cr = f(I,Y,P,X) \tag{2-7}$$

其中,犯罪供给(Cr)为收入差距变量(I)、人均收入水平(Y)、公共执法变量(P),以及其他影响因素(X)的函数。式(2-7)对应的计量估计方程可以表示为:

$$Cr_{it} = \alpha I_{it} + X'_{it}\beta + \delta_i + Y_t + \varepsilon_{it}, \quad i = 1,2,\cdots,N; t = 1,2,\cdots,T \tag{2-8}$$

Cr_{it} 表示国家或地区 i 第 t 年的犯罪率；I_{it} 代表相应的收入差距度量指标；X'_{it} 为控制变量向量，代表影响犯罪率的其他社会经济因素；δ_i 为地区虚拟变量向量，控制地区固定效应；Y_t 为年份虚拟变量向量，控制年份固定效应；ε_{it} 为误差项。

除了使用的指标度量存在一定差别，比如有的直接使用水平值，有的则用对数或半对数形式，式(2-8)基本包含了所有这个领域犯罪方程的核心设定。在详细梳理相关定量研究文献之前，有几点值得注意。首先，方程形式设定上，Ehrlich(1975)曾指出，犯罪率度量一般存在误差，因而将因变量犯罪率做对数变换有助于缓解度量误差，尤其当度量误差的比例稳定时，对数线性将是方程形式设定的最优选择。其次，由于式(2-8)不可避免遗漏一些影响犯罪供给的因素，因而如何处理这些不可观测的异质性或遗漏变量对估计结果带来的不一致影响，是犯罪供给函数估计的一个主要问题。这方面，许多早期的犯罪经济学文献和绝大多数犯罪社会学的研究普遍基于截面数据，比如，Sjoquist(1973)、Krohn(1976)、Braithwaite J. 和 Braithwaite V. (1980)等，因而很难回避如上偏误的困扰。20 世纪 90 年代之后，基于面板数据的固定效应模型或者利用广义矩估计方法(GMM)，控制犯罪供给方程中未观测到的异质性和测定性误差逐渐成为犯罪经济学实证研究的主流。最后，由于式(2-8)中执法变量和犯罪率变量可能存在典型的联立内生问题(simultaneity)，执法变量的估计往往变得不一致，对此，有的文献试图通过工具变量方法对内生性进行处理，而有些文献则是简单假定执法变量的联立内生问题对收入差距变量的估计不影响，将执法变量的设定作为一项稳健性分析。

和理论部分的叙述逻辑保持一致，我们将收入差距与犯罪的定量研究大致归纳为以下三个问题：第一，收入差距和收入水平对犯罪的直接影响，比如，Ehrlich(1972、1973)、Sjoquist(1973)、Krohn(1976)、P. Blau 和 J. Blau(1982)、Kelly(2000)、Fajnzylber 等(2002)、Kim 和 Gibbson(2008)等；第二，从微观劳动力市场状况数据出发，估计低收入群体的工资水平或者失业率，对犯罪参与的激励效应，比如，Witte(1980)、Stack(1984)、Phillips 和 Votey(1984)、Brush(2007)等；第三，探讨旨在改善低收入阶层生存状况的福利政策和劳动市场政策，对降低犯罪参与的有效性，比如，Berk 等(1980)、Zhang(1997)、Donohue 和 Siegelman(1998)、Imrohoroglu 等(2000、2004、2006)。

2.3.2 收入差距和收入水平对犯罪的影响

犯罪经济学领域，有关收入差距与犯罪关系的早期定量研究，主要源于

Ehrlich(1973)的开创性工作。犯罪社会学方面，收入差距一般被视为社会分化(Clelland and Carter，1981)、相对剥夺(Jacob，1981；Stack，1984；Bursik and Grasmick，1993)或者亚文化冲突(P. Blau and J. Blau，1982；Stolzenberg et al，2006)等理论概念的对应指标，由此对 Shaw 和 Mckay (1942)、Merton(1957)以及 Durkheim(1964)的假说进行实证检验。相应的，收入水平在犯罪社会学的研究视野里被具体化为绝对贫困(Messner，1982)，或者经济发展的度量(Khron，1976；Braithwaite J. and Braithwaite V.，1980；Messner and Tardiff，1986；Chiricos，1987；Bennett，1991)，进而论证工业化、社会变迁和经济发展对行为失范或犯罪的影响(Allen，1996；Soares，2004)。总体上，这些早期定量研究大多基于美国的截面数据，所应用的估计技术基本都是简单 OLS，往往发现收入差距、收入水平、贫困和失业率与犯罪之间存在显著的正相关关系(Myers，1984；Hsieh and Pugh，1993)①。

然而，由于截面数据可能存在不可观测的异质性问题(Cornwell and Trumbull，1994)，并且犯罪口径在不同时间和地区存在差异(Soares，2004)，加之回归控制变量较少，因而，研究结论的稳健性广受诟病(Simpson，1985；DiIulio，1996)。正是在这样一个背景下，20 世纪 90 年代以来的犯罪经济学的经验研究，开始注重利用面板数据技术和时间序列方法，处理犯罪供给函数估计中不可观测的异质性和联立内生性问题(Levitt，1997、2002；Jacob and Lefgren，2003；Tella and Schargrodsky，2004)。目前为止，有关收入差距、收入水平与犯罪率之间的关系，虽然也已经得到一些更加稳健有力的结论，但是结果却远非一致(Doyle et al，1999；Soarce，2004；Gibson and Kim，2008)。另外，值得指出的是，与早期的研究

① Hsieh 和 Pugh(1993)对早期犯罪社会学领域内 34 项经验研究所作的荟萃分析(Meta-Analysis)表明，其中 97%的多元回归结果都支持收入差距与犯罪率之间存在显著的正相关关系。另外，根据 Soares(2004)Table 1 列出的有关收入差距对犯罪率影响的 46 项估计中(共 15 项研究，其中 11 项都是 1991 年之前的犯罪社会学的研究)，52%的估计发现二者之间存在正相关关系，但是，也有高达 41%的估计发现二者之间不存在显著关系。而就收入水平，或也被视为经济发展和犯罪率的关系来说，所列出的 72 项估计中(共 23 项研究，1991 年之前的有 18 项)，36%的估计发现二者之间存在显著正相关关系，而 41.6%的估计则得出显著的负相关关系，即经济发展收入水平提高，犯罪率下降，而剩下也有 22%的估计发现二者关系不显著。值得注意的是，在这些研究结果中，经济发展收入水平上升导致犯罪率下降，基本都是犯罪经济学领域的文献的结果；相反，犯罪社会学发现二者之间的正相关，基本上都可以视为是涂尔干理论的延续和实证检验，即工业化经济发展导致传统社会控制纽带减弱，而分工使得个体日益孤立化，随着流动性和获利机会的增加，行为失范和犯罪参与上升。

主要集中于美国或发达国家的样本不同，近年世界银行开始重视对发展中国家收入差距恶化和犯罪率上升关系的研究（Bourguignon，1998；Nilsson，2004；Demombynes and Ozler，2005；Heinemann and Verner，2006），并在经济增长和发展的背景下阐述收入差距与犯罪率关系的相关福利内涵（Alesina and Perotti，1993；Bourguignon，2000；Macculloch，2005）。

2.3.2.1 早期的代表性工作

和早期犯罪经济学和犯罪社会学研究大多基于截面数据不同，Ehrlich（1973）的经典文章经验分析利用美国 1940、1950 和 1960 年的州一级的面板数据，估计方法以 OLS 为主，2SLS 则主要扮演稳健性分析的角色。其中，经验研究部分的基本结论包括：其一，就抢劫、盗窃、入室盗窃和汽车盗窃这四类侵财犯罪而言，作为收入差距指标的平均收入一半以下的家庭数量的系数显著为正，弹性大致分布在 0.7 到 1 之间。其二，收入水平在所有的设定中均显著为正，这意味着收入水平的绝对收入差距效应超过收入效应，即收入水平的提高主要通过扩大绝对收入差距影响犯罪参与。其三，相比侵财犯罪，收入差距和收入水平对暴力犯罪相应的系数值大幅缩小，并且在许多设定中变得不再一致或不再显著，这一点可以视为是对犯罪经济学理性选择框架的支持。另外，公共执法的威慑效应显著为正，但是 OLS 和 2SLS 估计有较大差别，这说明公共执法的内生性对估计结果有影响。最后，失业率的符号并不一致，并且很多时候不显著。早期犯罪经济学需要稍加提及的另一篇文献是 Sjoquist（1973）。基于类似的方程设定但是基于美国 1968 年 53 个县的截面数据做多元回归，Sjoquist（1973）发现：第一，执法威慑变量的系数显著，且在不同方程设定中保持一致；第二，体现成本收益激励的收入水平和失业率变量符号，在不同方程设定中并不一致，这可能是由于收入效应和替代效应的共同作用，即收入水平既反映犯罪的成本，也体现犯罪的收益。

犯罪社会学领域，收入差距、贫困化以及工业化和经济发展对犯罪行为的影响受到普遍重视。Krohn（1976）刊于《社会学季刊（*Sociological Quarterly*）》的文章，是犯罪社会学领域实证分析的典型代表。他试图对 Durkheim（1964）的工业化导致社会分化，进而行为失范犯罪率上升的假说进行论证。利用 1972 年和 1974 年的国家比较数据（观测点从 24 到 38 个不等），做谋杀、盗窃和总量犯罪三个指标的多元回归分析，Krohn（1976）发现：第一，失业率只有与谋杀有较为微弱的关系，对盗窃和总量犯罪均不显著；第二，以 Gini 系数度量的收入差距对谋杀的影响显著为正，但是令人惊讶的是，对盗窃和总量犯罪的影响是显著为负。对于后者，Krohn（1976）的解释是，国际比较研究可能存在报案率和犯罪口径定义的不可比问题，于是，收入差距与盗窃和总量犯罪率负相关，可能是测定性误差(measurement error)比较严重。后续检验经济发展与犯罪关系的Durkheim(1964)假说方面，J. Braithwaite 和 V. Braithwaite(1980)指出，Krohn(1976)使用不可比的侵财犯罪进行国际比较研究不合适。他们的文章选取了统计口径相对一致的谋杀犯罪，多元回归的结果发现收入差距对谋杀犯罪有较强的解释力。之后，Bennett(1991)基于1960年到1984年52个国家117个观测点数据的回归分析发现，收入水平提高，谋杀犯罪率趋于下降，但是盗窃犯罪率却显著上升。因而，Durkheim(1964)的假说并不能得到支持。

贫困、收入差距与犯罪率关系的相对剥夺假说方面，Stack(1984)在一篇比较著名的文章中利用62个国家的数据，通过对收入差距与侵财犯罪的多元回归分析，检验Runciman(1961)提出的相对剥夺理论。他的研究发现，以Gini系数衡量的收入差距对侵财犯罪没有影响，或者收入差距扩大反而导致侵财犯罪下降。但是，值得注意的是，Stack(1984)的多元回归中收入差距的系数为负，而加入交叉项后的回归系数变为正，因而，他据此认为收入差距对犯罪率的影响有赖于特定的文化背景。沿着相对剥夺的研究理路，这个阶段犯罪社会学方面，比较著名的一篇实证研究文献是J. Blau和P. Blau(1982)的文章。和以往研究不同，J. Blau和P. Blau(1982)的贡献在于指出收入差距存在参考组问题，即重要的不是社会整体的收入差距。事实上，由于社会由一个个分立的群体组成，因而，社会紧张或相对剥夺感的来源，应是具有参考价值的群体内部和群体间的收入差距。利用美国125个大城市1970年的截面数据进行多元回归，J. Blau和P. Blau(1982)发现：黑人与白人的种族间收入差距扩大，可以解释暴力犯罪的上升，相反，控制了种族间收入差距后，暴力犯罪回归方程中，种族内部收入差距以及收入水平均不再显著，这意味着收入差距存在明显的参考效应。

相对剥夺感和参考效应是社会学界20世纪80年代讨论的重点，Messner和Tardiff(1986)利用曼哈顿地区社区27个社区数据的多元回归分析发现，收入差距社区一级的参考组比较重要，相对收入差距或相对剥夺对犯罪率没有影响，绝对贫困人口与谋杀犯罪正相关。沿着类似的思路，Harber和Steffensmeier(1992)试图对J. Blau和P. Blau(1982)的收入差距参考效应进行更深入的检验。有意思的是，他们发现黑人和白人在参考组选择与相应的犯罪激励表现有区别，即种族内部的收入差距对白人暴力犯罪有显著影响，相反，种族间的收入差距对黑人的暴力犯罪影响较大。有关相对剥夺的参考组的选择，分歧仍旧在继续（Bruce，2000）。最近，Stolzenberg 等（2006）的多元回归分析发现，91 个城市总的收入差距或者群体内部收入差距与犯罪率无关，而种族间收入差距（歧视效应）对犯罪率有较大解释力。

2.3.2.2 20 世纪 90 年代以来的研究

20 世纪 80 年代，犯罪社会学领域类似的“传导机制”或假说的实证研究文献异常丰富，但是，这些基于截面数据的多元回归，所得出的结论往往敏感依赖于方程设定，结论非常不一致，甚至前后矛盾①。所以，就收入差距与犯罪的公共政策制定而言，DuIulio（1996）不无尖锐地评价说，犯罪学领域的研究应该用“技术上更加成熟”的经济学理论进行补充。一定意义上也是对这种呼吁的回应，20 世纪 90 年代的后半段收入差距与犯罪的关系，开始重新受到发展经济学家们的普遍关注。就技术而言，这些新的研究和以往截面数据研究的最大区别在于，开始注重利用面板数据控制犯罪方程中不可观测的异质性问题（Witte and Tauchen，1994；Cornwell and Trumbull，1994）。

和早期的多元回归研究普遍支持收入差距与犯罪率显著正相关不同，利用面板数据技术的估计方面，Doyle 等（1999）用美国 1984 年到 1993 年 48 个州和哥伦比亚地区的面板数据的估计发现，劳动力市场状况尤其是低技术工部门工资，与侵财犯罪率明显反向相关；相反，在所有的方程设定中收入差距对犯罪率的解释都不显著，并且系数符号也不一致。当然，之所以出现这个出人意表的结果，部分原因可能在于 Doyle 等（1999）所使用的作为劳动力市场状况表征的期望工资率，即结合失业率和就业情况的预期劳动工资率的设定较为特殊，以及回归方程中只考虑了地区固定效应，忽略了时间固定效应。而正如 Gibson 和 Kim（2008），以及陈春良和易君健（2006）指出的，犯罪统计的测定性误差同样可能沿时间有变异，因而忽略时间固定效应同样可能导致估计结果有偏误。

再者，利用类似的面板数据技术，Kelly（2000）对美国北卡罗莱州县一级的面板数据进行估计，也得出和传统模型预测有不一致的结论。在 Kelly（2000）的研究中，收入差距和收入水平同时进入回归方程，其中，收入差距指标的使用和 Ehrlich（1973）较为相似。假定收入分配服从对数正态分布，

---

① 对犯罪社会学领域的研究感兴趣的读者，可以参考 D. Glaser（1978）、Hsieh 和 Pugh（1993）以及 Allen（1996）的综述。DuIulio（1996）很尖锐地指出，犯罪社会学领域的实证结论严密性值得进一步推敲，主张经济学理论更深入地侵入传统犯罪学领域。

则收入均值和中值的比可以作为 Gini 系数的一个代理变量，进而，她发现控制了其他变量后，收入差距扩大将导致暴力犯罪上升，相反，对侵财犯罪影响较小；而收入水平或贫困人口比重增加，侵财犯罪增加相反对暴力犯罪几乎没有影响。因而，Kelly(2000)认为暴力犯罪比较适合用传统的犯罪社会学的紧张理论加以解释，相反，侵财犯罪则符合犯罪经济学的基本理论。类似基于美国面板数据的研究方面，Brush(2007)、Choe(2008)的研究同样发现收入差距对侵财犯罪有较好的解释力，但是，和 Kelly(2000)的结论略有差异，Brush(2007)的截面数据回归发现收入差距对暴力犯罪也有影响。

和前面几项研究都是集中于美国的数据不同，20 世纪 90 年代末以来世界银行在这个领域的研究，比如，Bourguignon(1998、2000)、Fajnzylber 等(2002)、Lederman 等(2002)、Soares(2004)、Nilsson(2004)、Demombynes 和 Olzer(2005)、Heinemann 和 Verner(2006)以及 Gibson 和 Kim(2008)，开始重视发展中国家，尤其是拉美地区的收入差距扩大、投资环境恶化与犯罪率上升的"恶性循环"陷阱(Bourguignon，2000)。其中，Bourguignon(1998、2000)利用发展中国家的截面数据，以及 1985 年到 1995 年间的非平衡面板数据的估计，都发现不论绝对贫困(即低收入贫困群体规模)，还是相对贫困(即高收入和低收入的均值比)，均导致谋杀犯罪和抢劫犯罪率的上升；Gini 系数对谋杀犯罪和抢劫犯罪的弹性，短期分别为 3.6 和 1.1，而长期弹性则比短期还要大一些。类似的，Nilsson(2004)基于瑞典县级 1973 年到 2000 年的面板数据的研究，Demombynes 和 Olzer(2005)利用警区街区截面数据对南非的研究，以及 Heinemann 和 Verner(2006)对拉美和加勒比海地区的研究，均发现 Gini 系数或某个收入阶层的规模对侵财犯罪率增加有显著贡献，相反对暴力犯罪不存在明显影响。Cerro 和 Meloni(2000)利用阿根廷 1990 年到 1999 年县级面板数据研究发现，收入差距对总量犯罪率增加有正的影响。

一般认为 Becker(1968)和 Ehrlich(1973)所开创的犯罪经济学研究进路，主要强调物质激励对犯罪参与的影响。因而，这个意义上，许多犯罪经济学的实证研究，都强调对侵财犯罪和暴力犯罪的区分，认为犯罪经济学适合解释的是侵财犯罪，这一点在 Kelly(2000)的文章中受到异乎寻常的重视。然而，这种理解进路在 Fajnzylber 等(2002)看来并不合适，因为侵财犯罪和暴力犯罪的定义往往过窄，并且暴力犯罪往往也伴随有侵财的目的，因而严格区分这两者意义可能比较有限。在这篇实证研究领域中的著名论文中，Fajnzylber 等(2002)利用 1965 年到 1995 年间 39 个国家每隔 5 年的谋杀数据，以及 37 个国家 1970 年到 1994 年间的抢劫数据，对收入差距与犯罪率上升之间的因果关系展开计量分析。具体估计技术方面，他们首先作了一元 OLS 回归到多元回归，然后再到固定效应模型估计，最后作广义矩估计(GMM)，主要发现如下：第一，截面数据存在不可观测的国家差异导致估计有偏差；第二，在所有设定中，不论收入差距的 Gini 系数，还是人均收入水平，估计的系数均非常显著，并且系数大小差异不大，所以他们认为估计结果非常稳健；第三，暴力犯罪存在明显的滞后效应，收入差距扩大是犯罪率上升的原因，弹性介于 2.1 到 4.7 之间。

值得注意的是，虽然从形式上看 Fajnzylber 等(2002)堪称收入差距与犯罪率关系定量研究的经典之作。但是，由于犯罪统计数据和国别比较的特殊性，这篇文章的基本结论仍旧值得进一步讨论。首先，Lederman 等(2002)在 Fajnzylber 等(2002)文章的框架内，补充讨论了社会资本对犯罪率的影响，加入社会资本的代理变量后，Gini 系数对谋杀犯罪和抢劫犯罪的影响在所有估计设定中仍旧非常显著，但是收入水平对两种犯罪的影响开始变得不一致。其次，虽然向来抢劫犯罪都被视为一种报案率非常高的“准侵财犯罪”[①]，但是，Soares(2004)所援引的国际问卷调查数据却表明，抢劫犯罪通常报案率只有实际发生率的 10%；并且值得指出的是，就报案率和犯罪统计而言，随着经济发展法律体系的完善，报案率和立案率都将上升(Boggers and Bound，1993)，进而如果定量研究只控制地区固定效应，则最终得出的估计结果同样有偏误。这一点正是 Soares(2004)、Neumayer(2004)、Demombynes 和 Olzer(2005)以及 Gibson 和 Kim(2008)批评的核心。事实上，Gibson 和 Kim(2008)利用 Soares(2004)的调查报案率进行调整后，在 Fajnzylber 等(2002)的框架内对收入差距与谋杀犯罪及抢劫犯罪的因果关系重新展开估计，结果发现收入差距与犯罪率之间的关系虽然仍旧保持显著，但是二者的弹性系数却小了很多。

最后，除了以上提到的面板数据的研究，90 年代以来有关收入差距与犯罪率之间关系的定量分析也有使用时间序列方法。时间序列方法的优点，主要体现在以下两个方面：第一，可以通过差分和水平效应结合的误差自修正模型(VECM)，讨论经济社会体系中犯罪的长期均衡和短期动态调整问题，或者也可以用向量自回归技术，探讨犯罪现象广泛存在的滞后问题

① 之所以将抢劫犯罪称为准侵财犯罪，那是因为在标准犯罪学中，抢劫犯罪往往是归类到暴力犯罪中。实际上，从已有犯罪经济学的实证研究文献看，有些学者将其归为侵财犯罪，而有的则又将其处理为暴力犯罪。

(Fajnzylber et al,2002)①;第二,时间序列方法也可以用来讨论犯罪方程估计中普遍存在的联立内生性问题。可能是数据限制的缘故,总体上,目前时间序列研究的文献比较有限。Lee(1999)针对英国、美国和意大利1967到1995年的时间序列的研究发现,英国和美国的收入差距序列与盗窃、抢劫犯罪有稳定的协整关系,而意大利的收入差距与抢劫犯罪之间则存在更强的“格兰杰因果”关系。Saridakis(2004)的文章利用美国1960年到2000年的国家层级的时间序列,讨论暴力犯罪长短期的不同表现。技术上,这篇文章主要使用VECM讨论暴力犯罪与相关变量的长期均衡以及短期的动态调整。经验研究的结果是:第一,长期中暴力犯罪与涉及的经济变量关系之间不存在稳定关系,这一点和Fajnzylber等(2002)发现的暴力犯罪的长时间滞后并不一致;第二,短期内收入差距对暴力犯罪有影响,相反失业率不重要,收入差距对暴力犯罪的弹性接近1;第三,酒精消费与暴力犯罪之间存在因果关系。值得注意的是,最近国内收入差距状况的持续恶化和犯罪率的上升也引起研究者们的重视,黄少安和陈屹立(2006),以及陈屹立和张卫国(2008)均利用时间序列的协整技术对此问题进行了定量研究,他们发现城乡收入差距扩大是我国犯罪率上升的重要原因之一。

2.3.3 劳动力市场状况与犯罪参与

除了以上提到的收入差距对犯罪参与的影响,实际上许多犯罪经济学和劳动经济学文献更“偏好”从微观的劳动力市场状况切入,讨论低收入群体生存条件恶化对犯罪参与的激励效应。有关劳动力市场状况与犯罪参与关系的讨论,主要围绕失业率和低收入群体工资率展开(Fagan and Freeman,1999)。理论上,失业率变化和低收入群体工资率的变动都是劳动力市场状况的关键衡量指标,失业率上升和低技能工人的工资率下降,都意味着犯罪参与的机会成本降低,进而导致犯罪供给增加(Grogger,1998;Freeman and Rodgers,1999)。然而,越来越多的犯罪经济学经验文献却表明,不论长期还是短期,失业率对犯罪率上升的解释力都相当有限,并且通常不存在稳定一致的结论,相反,劳动力市场的工资分布以及低收入群体的工资率变化则是一个比较理想的指标(Phillips et al,1972;Grogger,1998;Freeman,1996、1999;Entorf and Spengler,2000;Edmark,2005)。

① 值得注意的是,Fajnzylber等(2002)发现谋杀犯罪的滞后期长达17年,而抢劫犯罪的滞后也有13年之久。另外,Fajnzylber等(2002)的估计中,作为国家经济法律发展状况代理变量的人均国民产出,占据的解释比重非常大。综合考虑这两个方面,Neumayer(2004)质疑可能是因为暴力犯罪和经济文化关系更加密切,相反并非收入差距扩大直接引致。

之所以如此，在 Freeman(1999)看来，可能的原因有两个方面：第一，由于失业率和经济周期密切相关，许多周期性消费变量本身与犯罪变化密切相关；第二，失业率往往波动较小，因而很难对犯罪率的变动构成足够的解释力。另外，与收入差距和犯罪率关系的经验研究类似，早期有关失业率和低收取群体工资对犯罪率影响的研究，主要集中在犯罪社会学领域，相应所使用的数据、研究和估计方法以及控制的变量都相对简单，因而结论分歧严重。而 20 世纪 90 年代 Witte 和 Tauchen(1993)，以及 Cornwell 和 Trumbull(1994)的工作以后，利用面板数据技术控制不可观测的异质性，以及犯罪供给中典型的联立内生性问题，在这个领域的实证研究中逐渐成为主流。总体上，虽然新近的有关劳动力市场状况和犯罪率关系的经验研究，已经得出很多稳健有利的证据，但是结论同样远非一致。

犯罪经济学领域，Fleisher(1966、1970)最早对失业率和犯罪参与之间的关系展开了定量分析。Fleisher(1966)基于芝加哥社区一级的截面数据的多元回归分析表明，失业率与青少年犯罪之间的存在显著的正相关关系。然而，Weicher(1970)对 Fleisher(1966)的多元回归进行重新分析发现，Fleisher(1966)的结论对方程设定较为敏感，因而很难得出失业率对犯罪参与有积极影响的稳健性结论。进一步，劳动经济学方面，Phillips et al (1972)的研究则更明确地指出青少年犯罪参与问题中，经济激励和劳动力市场状况对犯罪参与都有重要影响，但是，劳动力市场状况中劳动参与率相对失业率是更好的衡量指标。类似的，早期的经验研究文献，比如，Ehrlich (1973)、Krohn(1976)也同样发现失业率与犯罪参与之间的关系不确定。对此，Stack(1978)曾指出，问题可能在于国家层级的比较研究中，失业率的统计存在不可比问题。

有关劳动力市场状况与犯罪参与之间关系的研究，80 年代的文章主要集中讨论微观层面的个体数据，并着重从公共政策层面讨论旨在改善低收入群体生存条件的公共政策的有效性，比如，Berk 等(1980)、Witte(1980、1983)以及 Trumbull(1989)等，这部分的文献梳理将在下一小节中展开。与 20 世纪 70 年代和 80 年代的研究主要使用截面数据和多元回归方法不同，90 年代以后的研究开始重视面板数据和时间序列技术的应用。Witte 和 Tauchen(1993)利用费城的调查数据的研究发现，就业和入学率对降低犯罪参与有显著作用，相反收入水平上升却没有预期的降低犯罪参与的效果。Cornwell 和 Trumbull(1994)的工作则是利用北卡罗莱的县级面板数据，开创性地对犯罪方程估计中的不可观测的测定性误差和联立性内生问题进行控制，他们指出制造业的工资上升是犯罪率下降的重要原因。并且，至关重要的是，他们的研究发现，制造业工资的估计系数方面，工具变量估计所得出的结果比一般的OLS估计要大得多，这说明犯罪方程估计中的内生性问题不容忽视。

沿着这个思路的推理，早期有关失业率与犯罪参与关系的估计未能得到较为一致的结果。在Raphael和Winter-Ebmer(2001)看来，可能的原因是：一方面失业率与导致犯罪增加的周期性酒精消费效应无法区分；另一方面，失业率和犯罪参与之间存在联立内生问题，犯罪记录恶化了劳动市场的竞争力(Grogger，1995)。因而，Raphael和Winter-Ebmer(2001)利用美国50个州的面板数据对失业率和犯罪之间的关系进行了估计，控制变量除了失业率、收入水平，还包括人均酒精消费量和监狱人口比例等。值得注意的是，为了处理内生性问题，这篇文章还系统地控制了时间固定效应、地区固定效应，并在此基础上用工具变量法进行了补充估计。最终，Raphael和Winter-Ebmer(2001)发现：OLS的结果较为稳健地表明失业率与犯罪之间存在显著的正相关，而利用外生的石油冲击和州一级的国防费用支出作工具变量的估计结果，普遍大于OLS(前者弹性在1到3之间，后者是2.8到5之间)，这表明早期研究确实可能存在内生性问题的干扰；并且，值得注意的是，以上结果对侵财犯罪显著而暴力犯罪不显著，由此也可以推算90年代失业率下降，可以解释约40%的侵财犯罪的下降。类似主张90年代美国经济的繁荣、劳动力市场状况改善是犯罪率下降的主要原因，还有Freeman(1996)以及Freeman和Rodgers(1999)的研究，前者指出年轻人的平均收入水平和雇佣条件改善导致犯罪率从80年代到90年代急剧下降，而后者控制了地区和时间的虚拟变量后，发现失业率对青年犯罪率的影响的弹性为1.5%。

然而，即便基于更好的面板数据或个体层面数据的研究，有关低收入群体的工资水平和失业率的相对重要性，仍旧存有不少争议。Grogger(1998)指出低收入群体的工资率变动在解释青年犯罪参与中很显著，相反失业率指标的表现则不大理想。同样是基于美国县级的面板数据，Gould等(2002)利用多套数据非常详尽地讨论了失业率、低收入群体工资水平与犯罪率之间的关系，具体估计从OLS到固定效应估计再到每隔十年数据的差分估计，再到基于个体调查数据的估计，最后也用工具变量法对以上估计的稳健性作了补充讨论。与Raphael和Winter-Ebmer(2001)的基本结论不同，Gould等(2002)发现长期低技能工人的工资率变化更能解释长期犯罪率的变化模式，而长期内失业率变动较小，所以与长期犯罪率变动没有关系。另外，他们还发现内生性问题在工资估计中并不严重。

Bourguignon et al(2003)对哥伦比亚地区的面板数据研究发现，只有最低15%人口的收入变动，对侵财犯罪有影响，相反，整体收入差距和收入水平对犯罪率的影响都不显著。类似的，Machin 和 Meghir(2004)基于伦敦和威尔士地区的面板数据的固定效应估计发现最低25%劳动力的工资分布变动，对侵财犯罪和暴力犯罪有影响。最近，Edmark(2005)基于瑞典县级面板数据的估计同样表明失业率对侵财犯罪波动的解释力较为有限。综上所述，90年代以后基于面板数据的研究，通过控制犯罪方程中的联立性内生问题以及非观测的异质性等，相比早期截面数据的多元回归，已经得出较为稳健的经验证据，但是分歧同样不同忽视。

最后，时间序列技术的应用方面，Britt(1994)利用美国1958到1990年的时间序列数据，研究失业率对年轻人(16～19岁)侵财犯罪和暴力犯罪的长短期影响。最终，在一个误差自修正(VECM)的研究框架里，他发现侵财犯罪和暴力犯罪与年轻人口的失业率均存在长期的稳定关系，并且失业率的滞后效应显著，短期内失业率的波动可以解释很大部分的侵财犯罪变动。类似的，Yue-Chim 和 Wong(1995)基于英国的长期时间序列估计发现，失业率对长期犯罪率变动有重要影响。与之前的两项研究略有不同，Scorcu 和 Cellini(1998)利用意大利1951年到1994年间的时间序列数据的研究发现，只有盗窃犯罪与失业率存在长期协整关系。进一步，Narapan 和 Smyth(2004)利用协整和误差修正回归框架，对澳大利亚1964到2001年的时间序列数据进行研究得出，失业率和男性青年劳动力的周平均工资率都仅仅与谋杀犯罪、汽车盗窃以及诈骗存在协整关系，相反，与抢劫、盗窃均不存在协整关系。

2.3.4 相关公共政策有效性的讨论

在前面理论文献概括的基础上，以上两小节分别从收入差距和劳动力市场状况两个方面，对收入差距与犯罪参与之间的经验研究文献作了较为全面的梳理。至此，一个很值得提及的话题应该是，从公共政策制定和实施角度，对低收入群体生存状况进行干预的福利政策或相关劳动力市场补贴政策，对犯罪参与是否可以起到反向激励的作用，进而这样做是否有利于改善社会的整体福利？理论上，Grossman(1995)曾指出旨在改善收入分配的公共政策，其对缓和两个阶级冲突的有效性，将敏感依赖于公共生产函数和私人非法生产函数的性状。80年代，Berk 等(1980)、Witte(1980、1983)、Phillips 和 Votey(1984)、Piliavin 等(1986)以及 Trumbull(1989)对刑满释放分子职业援助项目的实证研究，Zhang(1997)、Donohue 和 Siegelman(1998)，以及 Ludwig 等(2001)和 Kling 等(2005)对美国 MTO(Move to

Opportunity)项目对年轻人的犯罪行为的影响的研究,以及 Imrohoroglu 等(2000、2004、2006)基于美国 1980 和 1990 年数据的一系列模拟,都支持这种判断。

如果将失业纳入行为者的可能状态,则 Ehrlich(1973)的基本模型中行为者将处于四种收益状态;进一步,如果失业存在福利补助,则可以按照类似的比较静态分析思路推导福利补贴和失业率对犯罪参与的比较静态,福利补贴提高意味着非法犯罪的机会成本增加,这有望降低犯罪参与(Zhang,1997)。Berk 等(1980)选取 1976 年的 TARP(Transitional Aid Research Program)项目里大概 2000 个平均在监狱里面待了 6 个月以上的犯人,研究就业援助的不同形式对犯罪参与的影响。他们发现,补贴增加和就业帮助都将对侵财和暴力犯罪率起到下降作用。同样基于刑满释放人员的跟踪研究,Witte(1980、1983)用 Heckman 两部法修正了 Berk 等(1980)的样本选择偏差。他的估计发现刑罚威慑效应对减少犯罪率效果显著,收入补助也可以起到降低犯罪参与,但是效果不大明显。而后续 Piliavin 等(1986)和 Trumbull(1989)用类似刑满释放的数据的研究,也一定程度上肯定了就业帮助在减少犯罪参与上的积极作用。

和基于"实验项目"的研究不同,Phillips 和 Votey(1984)讨论了一个较为有意思的问题,即妇女婚姻条件变化导致劳动力市场参与改变,而旨在改善妇女生存状况的福利项目,将对市场产生另外一重扭曲,反而致使妇女非法活动参与增加。具体来说,福利补贴项目扭曲了正常劳动参与,进而对犯罪参与的"激励"主要体现在以下两个机制上:第一,由于合法工资较低,必需增加市场劳动供给,于是选择多份工作同时进行,但是,福利补贴项目对合法劳动市场时间存在固定约束,所以非法市场上的犯罪参与显得有吸引力;第二,福利项目通常要求妇女增加家庭时间,而家庭中的固定时间增加后,一旦收入补助项目无法对未定罪的个体区别对待,则闲暇的机会成本较大,妇女将增加非法劳动市场的供给。利用调查数据,作者发现对黑人妇女参与盗窃犯罪而言,以上传导效应显著。

福利支出项目方面,Zhang(1997)对福利支出规模与犯罪率的关系展开了定量分析。他的研究指出,只有直接的劳动力市场补贴或改善低收入群体收入条件的福利项目才对犯罪率降低有影响,相反目的性不强的一般福利项目对犯罪没有影响。Donohue 和 Siegelman(1998)则比较了监禁支出增加与福利项目在减少犯罪活动方面的相对有效性。详细讨论了许多福利项目的实施细节后,Donohue 和 Siegelman(1998)总结认为,旨在改善低收入家庭孩子受教育状况的福利型项目,相比监禁支出的增加对犯罪率降低更有帮助，但是这些福利项目的有效性，很大程度上取决于合适的福利对象甄选和项目的具体实施过程。一定意义上是延续了80年代"实验项目"式的研究，Ludwig等(2001)以及Kling等(2005)的工作从MTO项目实施的调查数据出发，分析贫困环境对年轻个体犯罪参与的影响。Ludwig等(2001)发现搬迁对青少年犯罪参与有显著的降低效果，迁居到高收入地区相比低收入地区，青少年暴力犯罪显著下降，财产犯罪初始阶段不明显，而过一年后开始发挥效果。总体上，低收入地区的暴力犯罪相对较高，而财产犯罪则相对较少。这种对比表明，青少年暴力犯罪方面，同群效应(Peer Effect)的影响显著，而侵财犯罪主要还是获利驱动的结果。同样也是这个作者团队，Kling等(2005)讨论了MTO项目对青少年犯罪参与的长短期和性别的不同影响，他们发现，女性在MTO中的侵财犯罪和暴力犯罪的被逮捕率都显著下降，而男性在MTO早期侵财犯罪和暴力犯罪率也在下降，但是过几年后侵财犯罪却开始显著上升①。

2.3.5 小结及评价

虽然，正如本小节开头所援引的Block和Heineke(1975)对收入差距与犯罪参与的理论研究的评价，即犯罪参与模型的比较静态结果，敏感依赖于进入效用函数的变量，于是，实证研究在这个方向的研究中得到前所未有的强调和重视。也正是在这个意义上，许多研究者坚信，Becker(1968)以后的犯罪经济学，很大程度上都是在对Becker的核心威慑模型，以及引申出来的相关命题进行系统的实证检验(Levitt and Miles，2004)。迄今，理性选择框架在理解犯罪行为中的有效性和重要意义，在层出不穷的经验研究中一再得到肯定。但是，就收入差距与犯罪参与关系的经验研究而言，以上文献梳理中我们没有找到确凿无疑的证据结论，所以，从这一点上看，相比理论研究，经验研究存在广泛分歧。

然而，即便如此，就收入差距与犯罪参与之间关系的研究而言，以上文献的内在演进脉络还是值得总结如下：第一，早期收入差距与犯罪的研究主要集中在犯罪社会学领域，控制变量较少，多是基于截面数据的多元回归(Hsieh和Pugh，1993)，因而结果的稳健性值得进一步讨论。第二，90年代以来的研究开始注重利用面板数据技术和时间序列的估计技术，控制犯罪供给方程中不可观测的异质性和联立内生性问题。虽然，目前这个研究思路下来的定量研究仍旧存在分歧，但是更加稳健基本的"共识"，已经在不

---

① 类似的基于微观的调查数据，Mocan和Rees(2005)的研究也发现公共执法和劳动力市场政策对男性和女性青年的犯罪决策影响存在差异。

同研究中开始慢慢呈现(Fajnzylber et al,2002;Soares,2004)。第三,虽然收入差距扩大,或者劳动力市场状况恶化,都意味着低收入群体参与非法市场供给的激励增加,但是,上升到公共政策层面,旨在改善低收入群体生存状况的福利政策和劳动力市场政策,如果缺乏相应的有效率的运行条件,最终势必造成更大的经济福利扭曲,犯罪率可能反而上升。

2.4 本章小结

在韦伯看来,一项典型的社会科学的研究,就是具有某种“价值关联”的研究者,寻找一个个内在逻辑一致的“理想类型”,以此理解纷繁的现实世界的过程。进而,对相近研究主题的“规范性”概括和表述,构成库恩意义上的科学共同体得以有效沟通的前提和基础。一定程度上,20 世纪 60 年代美国社会各界有关公共执法有效性的追问(Ehrlich, 1996)“催生”了Becker(1968)的“犯罪与惩罚的经济学分析”。之后,80 年代犯罪率的急剧上升以及 90 年代犯罪率的突然下降(Donohue and Levitt,2001),则又激发研究者们深入探讨犯罪率波动背后的决定因素[①]。就本书的“价值关联”而言,改革开放以来我国持续不断扩大的收入差距(李实、赵人伟,1999;李实,2003;陆铭、陈钊、万广华,2005;Gustafsson and Li,1998、2002;Knight and Song,1999;Lu and Chen,2006),犯罪率的连年持续攀升(胡联合,2006),以及这两者之间可能存在的关联,构成本书试图分析、解释和理解的基本支点。

作为后续研究的知识基础和起点,本章尝试在 Ehrlich(1973)开创的基于不确定条件下的时间配置的犯罪参与框架里面,全面梳理收入差距与犯罪率关系的理论研究和定量分析的文献。我们发现,与犯罪社会学强调社会环境对个体的型塑不同,犯罪经济学理论主张从理性选择和劳动力市场的约束条件变化,理解犯罪参与和犯罪率的变动。收入差距对犯罪率或犯罪参与的影响,分别体现为内点解的替代效应,以及角点解的职业选择效应,二者共同作用导致犯罪率上升。经验研究方面,有关收入差距对犯罪的影响的讨论,由以下三块联系紧密的内容组成:其一,宏观层面上,收入差距、收入水平对犯罪的激励效应;其二,微观层面上,劳动力市场状况恶化和

---

① 美国 80 年代犯罪率急剧上升,而 90 年代犯罪率突然下降,激发了许多学者的讨论。比较有代表性的犯罪经济学方面的解释,包括最著名的 Donohue 和 Levitt(2001、2004)的“70 年代堕胎合法化导致 90 年代犯罪率下降”的假说,以及 Freeman(1996、1999)提出的“年轻人口工作状况改进而犯罪参与降低”。Joyce(2004)则认为是海洛因数量得到控制的结果。有关这个问题的讨论,更详细的内容可以参考 Levitt(2004)。

低收入群体工资率下降导致犯罪参与增加；其三，旨在改善低收入群体生存条件的公共福利项目是否有利于降低犯罪参与激励。

不论犯罪经济理论研究或是刑事犯罪政策的制定，以上三个问题的估计和讨论均显得极为重要。相比早期基于截面数据的研究，90年代之后的定量研究开始重视应用面板数据技术控制犯罪供给方程中不可观测的异质性因素。与此同时，与早期研究主要关注发达国家样本不同，近年发展中国家收入差距扩大、劳动力市场状况恶化与犯罪率上升，也逐渐引起发展经济学家们的广泛注意。所以，综合以上几个方面，本书将对中国转型期收入差距扩大与犯罪之间的关系展开详细的定量分析，我们试图解释收入差距在多大程度上导致犯罪率上升，同时讨论转型期公共执法对犯罪的影响。作为最大的发展中国家，中国分省之间存在广泛的经济文化差异，但又共享一个相对一致的司法体系，因而我们的估计有望对已有的犯罪经济学文献提供来自发展中国家的新证据。

3 中国转型期的刑事犯罪：典型事实与国际比较

改革开放以来，我国的经济建设取得了极为辉煌的成就，人民生活水平持续提高。经济快速增长的同时，我国也经历着经济文化和社会制度的加速转型。众所周知，经济社会转型相伴而生的一个重要社会现象是犯罪率的飙升（邓文平、雷涛，2001；吉海荣，2005；胡联合、胡鞍钢，2006）。一定意义上，1978 年以来我国刑事犯罪的增长趋势，为以上观察提供了佐证。从 1978 年到 2007 年，我国每十万人口刑事案件立案数从 76 件上升到 364 件，年均增长率高达 16%，全面超过了同期人均 GDP 增长速度。迄今，虽然有关中国的刑事犯罪统计存在许多争议，但是中国犯罪问题研究的学者们基本认同的一个判断是，即便考虑存在统计测量误差，和西方国家相比，中国转型期刑事犯罪率绝对数仍旧维持低水平。然而 20 世纪 80 年代初以来，中国的刑事犯罪率却以前所未有的速度快速增长，于是，社会治安状况恶化应该成为社会转型期必须思考一个重要话题（Bakken，2005；王立峰、张玉鹏，2005；胡联合、胡鞍钢，2006）。

作为后续研究的事实基础，本章讨论中国转型期刑事犯罪的典型事实，并将其置于不同阶段的国际犯罪数据统计中进行比较分析。尽管我们同样注意到由于经济文化条件的迅速变迁，中国转型期刑事犯罪率数据不仅受到典型的“犯罪黑数（dark figure）”的困扰，即犯罪受害者出于种种原因选择不到执法机关报案，同时也存在“犯罪的统计保护机制”问题。即公众或者政治当局倾向于将高犯罪率归罪于警察部门，这种激励机制将诱使警察部门出现消极立案现象（胡联合、胡鞍钢，2006），以上两个方面的因素均使得官方犯罪率数据，显著低估了实际发生的刑事犯罪。然而，和已有文献不同，比如，胡联合和胡鞍钢（2006）以及 Bakken（2005），我们并不准备利用犯罪报案调查数据对已有官方公布数据进行校正调整。相反，我们将研究重心放在考察官方刑事犯罪率数据沿着时间维度的内部构成变化，同时也从不同时点的省级截面和国际数据比较两个方面，对已有特征性事实描述作出补充。我们这种做法的合理性至少体现在以下三个方面：第一，由于报案率和立案率偏差的广泛存在，事实上所有国家的犯罪统计均存在低估几乎不可确知的真实犯罪水平的问题，因而，即使调查数据可以显示部分时间点的报案率偏差，但是利用这种数据对长时间的官方犯罪统计进行调整，其合理性和可行性本身都值得进一步讨论；第二，就一个社会的治安状况而言，任何刑事犯罪率指标事实上都只是给出一个可供参考的衡量标准，因而这个意义上更合理的做法应该是通过比较不同指标衡量结果的差异，以此反映刑事犯罪变动的丰富细节，而不是只诉诸同样存在偏差的单一指标；第三，更重要的是，由于刑事立案标准和刑事政策在不同时间点存在广泛差异，因而，从单一截面维度的数据出发考察比较不同国家的加总刑事犯罪率，其参考价值实在非常有限。

简而言之，本章对我国转型期刑事犯罪典型事实的描绘，将主要沿着时间和截面比较两个维度展开，基本思路是在分析波动较大的加总刑事犯罪序列的基础上，同时考察其他较少受到立案标准调整影响的刑事犯罪指标的变化，并利用不同时点的省级截面及其他国家的犯罪率数据对比，对国家加总层面刑事犯罪的演变事实进行补充。必须指出的是，本章的比较方法实际上更应该被视为是从分析技术上对已有犯罪率比较文献的形成补充。已有文献将重点放在讨论报案率和立案率，并利用其校正相对单一的刑事犯罪加总序列，而我们的做法注意到不同犯罪种类的犯罪统计存在差异，并且不同地区之间也存在区别，因而在此基础上通过考察更加多维度的刑事犯罪率指标的变动，为转型期刑事犯罪的典型事实提供更丰富的细节。本章结构安排如下：第一节讨论国家加总层面不同犯罪率序列的变动趋势，对刑事犯罪指标的绝对数和增长率展开描述；第二节从国际犯罪数据的比较视角出发，选取比较具有可比性的杀人犯罪和抢劫犯罪指标，对我国转型期犯罪率变动作进一步的补充考察；第三节是本章的一个总结。

3.1 我国转型期刑事犯罪率变动的基本事实

事实上，除了各国犯罪统计中普遍存在的“犯罪黑数”和“犯罪的统计保护机制”问题，就我国转型期刑事犯罪统计而言，更主要的困难还在于经济社会快速转型带来的刑事法律变更和刑事政策的频繁调整。刑事法律的变更主要体现在 1984 年和 1992 年的两次盗窃立案标准的调整，而刑事政策的影响则主要是历次影响深远的“严打”运动。以上因素的共同作用，一方面使得单一国家加总层面的时间序列刑事犯罪指标存在不可简单对比的困扰；而另一方面不同时点上政策调整的异常冲击，也使得任何直接基于加总刑事犯罪率的国际截面数据的比较，存在明显不可观测的异质性问题。基于以上考虑，本节首先考察国家层级的加总刑事犯罪率的变动情况，进而分析不受刑事立案标准调整的犯罪指标的演变趋势，最后利用不同时点省级层面的刑事犯罪率的组间(between group)和组内(within group)对比，对我国转型期刑事犯罪率变动的基本事实展开描述。

3.1.1 国家层级的刑事犯罪率变动趋势

图3.1描绘了1981年以来国家层级的加总刑事犯罪立案率的绝对数及历年的增长情况。和我们的预期一致，从时间维度来看许多年份异常的犯罪增长率都提醒我们，历次“严打”运动、立案标准调整以及经济发展报案和立案误差下降等因素，都使得总刑事犯罪率指标只能是大致显示了改革开放以来刑事犯罪数量的快速增长，并不存在精确的数量含义。首先，从1981年到2007年，我国的刑事犯罪率从每10万人90件上升到364件，年均增长率高达14.98%；如果考虑早期报案立案误差较大[①]，那么以上计算实际上是部分高估了我国的刑事犯罪增长速度，但是如此快速的增长也表明转型期刑事犯罪飙升是一个不争的事实。其次，除了1983年到1986年的第一次“严打”运动，以及1992年的盗窃和诈骗犯罪立案标准的大幅度调整，即从原来的农村40元、城市80元分别上升到农村400元、城市600元，导致总刑事犯罪统计数大幅下降，加总的刑事犯罪率在所有年份都以较快的速度增长。其中，20世纪80年代末和90年代末，刑事犯罪率的年增长速度甚至超过50%，不同年份刑事犯罪率的增长速度并不平衡。加总的刑事犯罪率在时间维度上的异常冲击包括，1983年8月开始到1986年结束的第一次“严打”运动，1992年盗窃及诈骗犯罪立案标准的提高，以及1996年的第二次“严打”运动。其中，第一次“严打”运动使得刑事犯罪率从80年代初的每十万人90件下降到1986年的51件，下降了43%，而1992年盗窃和诈骗犯罪立案标准的调整使得刑事犯罪统计数至少比1991年下降了34%。

之所以总量水平上1992年盗窃犯罪立案标准的调整使得加总的刑事犯罪率显著下降，同时整个90年代刑事犯罪率的增长速度均显得相对平缓，关键原因是盗窃犯罪在我国转型期的刑事犯罪构成中占据了绝对的比例。图3.2给出了国家层面的盗窃犯罪与总刑事犯罪的共同演变趋势，表3.1报告了侵财犯罪在历年总刑事犯罪中的占比。和犯罪经济学的主流研究保持一致，我们的侵财犯罪率(property crime)定义为每十万人口的盗窃

---

① 公安部课题组80年代的调查显示，20世纪80年代的实际立案率可能不到实际犯罪发生率的30%(胡联合、胡鞍钢，2006)。

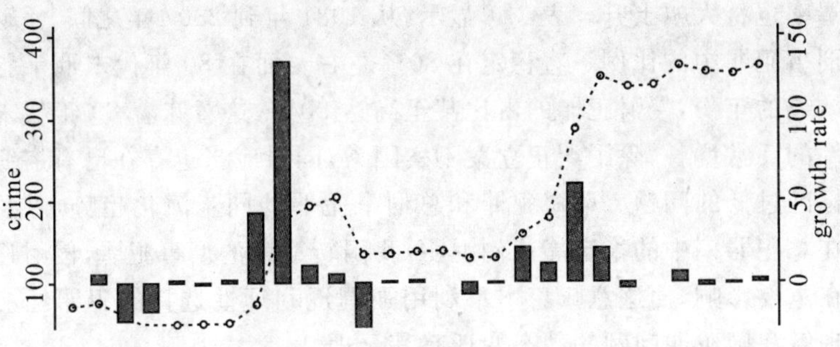

图 3.1　总刑事犯罪率与增长率(1981—2007)

注:(1)刑事犯罪率定义为每十万人口的刑事犯罪立案数;刑事犯罪年增长率定义是当年刑事犯罪率相比前一年变化的百分比;(2)数据来源:《中国法律年鉴》(历年)。

犯罪、抢劫犯罪与诈骗犯罪立案数的总和。盗窃犯罪在总犯罪率中的绝对比重,使得图 3.2 中总犯罪率的变动几乎完全复制了盗窃犯罪的演变趋势。因而,我国转型期刑事犯罪率的不断攀升,实际上是反映了经济发展过程中

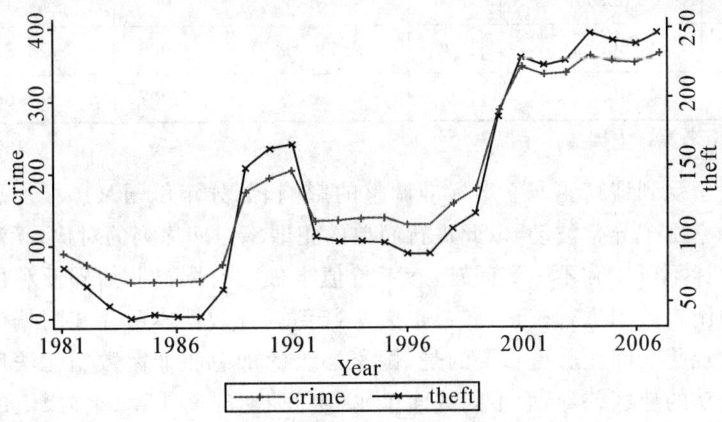

图 3.2　总刑事犯罪率与盗窃犯罪率(1981—2007)

注:(1)盗窃犯罪率和总刑事犯罪率,分别为每十万人口的盗窃犯罪立案数和刑事案件立案数;(2)数据来源为《中国法律年鉴》(历年)。

侵财性质的犯罪的大规模激发。所以,如果从简单的绝对立案标准的视角来看,经过调整后的盗窃犯罪将远远高于 1992 年之前的水平,相应的总刑

事犯罪率也将大幅上升。表3.1显示,从1981年到2007年之间,侵财犯罪在总刑事犯罪中的比例一直稳定在80%左右。而在80年代末刑事犯罪率异常增长的年份,侵财犯罪的占比甚至高达90%,这意味着80年代末刑事犯罪率的反常增长,除了纠正立案不实因素,同时应当也存在已有盗窃犯罪立案标准过低的问题。盗窃犯罪和总刑事犯罪的同步演化趋势,以及侵财犯罪在总犯罪率中的稳定高比例说明,我国转型期的刑事犯罪,侵财逐利因素存在重要影响,而这意味着本书利用强调逐利理性选择的犯罪经济学模型来理解我国犯罪问题的动态变迁有其合理性。

表3.1　侵财犯罪占总刑事犯罪的比例

年份	侵财犯罪占比	年份	侵财犯罪占比	年份	侵财犯罪占比
1981	88.21	1990	90.12	1999	77.32
1982	86.00	1991	88.25	2000	77.97
1983	83.40	1992	83.07	2001	77.79
1984	80.80	1993	81.94	2002	78.58
1985	83.63	1994	81.33	2003	79.07
1986	82.73	1995	80.53	2004	79.70
1987	82.17	1996	79.02	2005	79.47
1988	86.26	1997	79.19	2006	78.81
1989	90.71	1998	78.30	2007	79.06

数据来源:《中国法律年鉴》(历年)。

由于受到盗窃犯罪立案标准调整的影响,部分年份国家层级加总的刑事犯罪率出现异常波动,以此进行简单的犯罪率时间序列的对比,无法回避统计指标不可比和不一致问题,参考价值也极为有限;同时,即便利用不同时点的调查数据进行校正,同样也无法避免调查数据本身存在的偏误和调整的主观臆断问题。更重要的是,国家层级的加总犯罪率数据无法反映犯罪率变动的地区差异,而不同截面单元(组间)在时间维度(组内)上的表现差异,将为单一时间序列的犯罪时间序列研究提供重要的补充。因而,接下来本节的分析重心将集中在国家层级的其他几种不受刑事犯罪立案调整影响的刑事犯罪率指标,并在此基础上进一步讨论省级刑事犯罪率数据的变动特征。

图3.3描述了1981年以来抢劫犯罪、伤害犯罪及谋杀犯罪的演变趋势。值得注意的事实包括以下几个方面,首先,20世纪90年代以来,抢劫

犯罪经历了异常快速的增长，从1990年到2000年，抢劫犯罪从每十万人7件上升到24件，绝对数值变大了3倍；而2000年之后抢劫犯罪率有进一步的提升，最高年份的抢劫犯罪率接近1981年抢劫犯罪率的13倍，直到近两年才略有下降。其次，从80年代开始伤害犯罪也是进入稳步增长的轨道，和抢劫犯罪不同，2000年之后伤害犯罪的增长率还有进一步放大的趋势。与前两种刑事犯罪率的表现略有差异，从1981年以来，最为恶性的刑事犯罪——杀人犯罪，并不存在非常显著持续的增长趋势。第一次"严打"运动结束以来到90年代中期，杀人犯罪数量有所增加，而进入2000年之后杀人犯罪开始略有降低。由于抢劫犯罪没有受到立案标准调整的影响，同时相对而言抢劫犯罪的报案立案误差较小；因而，图3.3中抢劫犯罪率的走势表明，1981年以来随着经济社会的快速发展，我国侵财犯罪确实急速膨胀，20世纪90年代以来，侵财犯罪甚至有进一步加速的趋势。

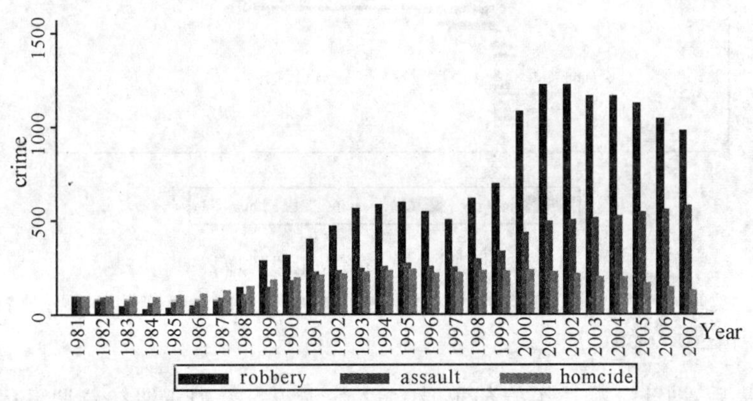

图3.3　暴力犯罪的变动趋势

注：(1)从左到右依次是抢劫犯罪率、伤害犯罪和杀人犯罪率，分别为每十万人口的抢劫犯罪、伤害犯罪和杀人犯罪的立案数；(2)数据来源为《中国法律年鉴》(历年)。

图3.4进一步描绘了抢劫、伤害与杀人犯罪在不同年份的增长速度。侵财犯罪的急速增长再次得到了确认，除了1983年到1986年的"严打"运动，以及1996年的第二次"严打"运动和最近的两年，抢劫犯罪在所有年份一直维持较高的增长率，均分布在图3.4零增长率线的右侧。值得注意的是，几乎是1986年第一次"严打"运动刚结束，抢劫犯罪率就开始进入快速增长期；并且，一般认为，抢劫犯罪的立案和报案率均比盗窃犯罪要高。因而对比盗窃犯罪，虽然1988年和1989年抢劫犯罪同样存在异常增长，但是从增长率的绝对数值上看均低于盗窃犯罪率，说明80年代末的刑事犯罪率的异常喷发，即便存在立案不实纠正和统计误差的因素，但是实际刑事犯罪

率的显著增加也是不争的事实。另外，20 世纪 90 年代上半段以及 1998 年到 2000 年，抢劫犯罪、伤害犯罪和杀人犯罪都维持较高的增长速度，这表明整个 90 年代我国社会治安状况明显欠佳，而这一点在总刑事犯罪率序列中并没有得到合适的体现。

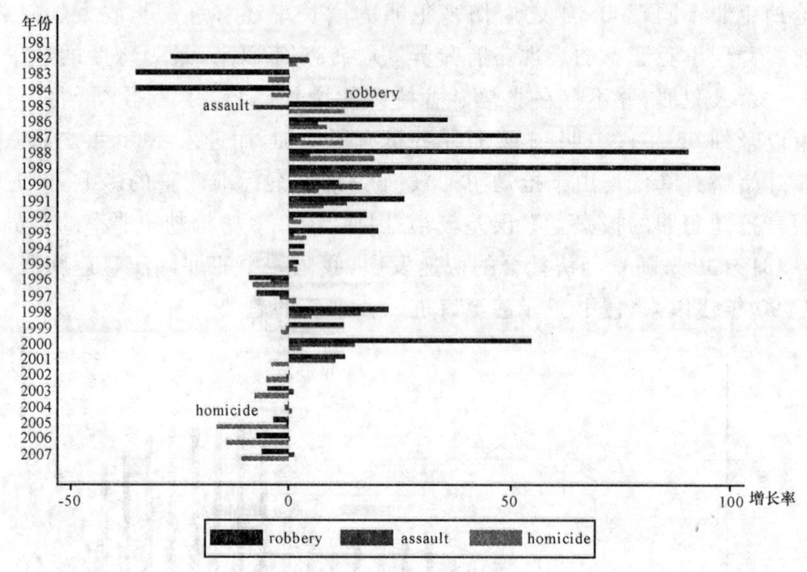

图 3.4　抢劫、伤害与杀人犯罪的增长率

注：(1)刑事犯罪年增长率定义是当年刑事犯罪率相比前一年变化的百分比；(2)数据来源：《中国法律年鉴》(历年)。

最后，图 3.5 描述了抢劫犯罪、杀人犯罪以及暴力犯罪在总刑事犯罪构成中的变动情况。其中，按照犯罪经济学研究惯例，暴力犯罪（violent crime)包括伤害、强奸和杀人三类犯罪。一般认为，随着经济社会的发展和现代化进程的加快，刑事犯罪中暴力犯罪的比例将逐渐下降，慢慢让位于侵财犯罪(邓文平、雷涛，2001)。值得注意的是，除了 80 年代暴力犯罪可能受到强奸犯罪异常增加的影响，暴力犯罪、杀人犯罪以及抢劫犯罪的演变情况符合以上观察；从 80 年代到 90 年代及 2000 年之后，前两种犯罪率的占比虽然依旧维持较高的水平，但是从长期来看确实呈现逐渐下降的趋势，而抢劫犯罪的增长则快速明显得多。

3.1.2　省级层面的刑事犯罪率变动趋势

考虑到国家层级的加总刑事犯罪率数据受到刑事犯罪立案标准调整的影响，和已有研究文献的做法不同，前面一小节利用其他不受立案标准调整影响的刑事犯罪率指标，对我国转型期刑事犯罪率的演变趋势展开了详细

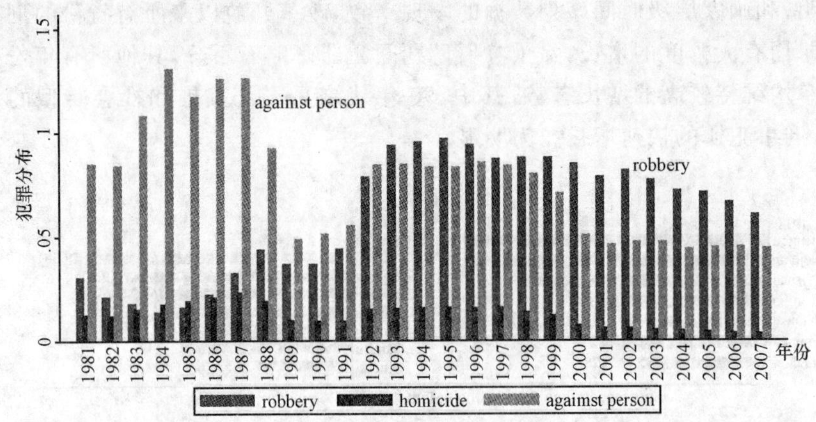

图 3.5　抢劫、杀人与暴力犯罪在总刑事犯罪中的构成比例

注：(1)暴力犯罪包括伤害、强奸和杀人；(2)数据来源：《中国法律年鉴》(历年)。

的描述。我们发现，即便存在报案和立案误差，转型期刑事犯罪率的飙升却是不争的事实，并且和经济社会转型与犯罪率上升的基本假说保持一致。侵财犯罪在加总刑事犯罪率中占据了绝对的比重，暴力犯罪在总犯罪构成中的比例有所下降，但是 90 年代以来仍旧维持较高的数值，社会治安状况不容乐观。本小节进一步利用不同时点的省级截面刑事犯罪率数据，同时从组间(between group)和组内(within group)差异两个维度，对相对单薄的国家级时间序列分析进行补充。相比国家层级的刑事犯罪统计，省级刑事犯罪数据的完备性异常差强人意。但是，和国家级数据不同，省级数据加总层次较低，并且不同时间点的省级截面对比也可以更好揭示我国转型期刑事犯罪变动的地区差异及演变特点。图 3.6 描绘了 1980 年、1985 年、1990 年和 2004 年四个时间点上不同省份刑事犯罪率总数的对比情况。值得注意的是，虽然由于数据缺乏，我们涉及的省份只有辽宁、内蒙古、安徽、福建、江苏、江西、浙江、湖北、山东、云南、陕西、贵州和甘肃，但这些基本包括了我国东部、中部和西部比较有代表性的省份，而且根据之前国家级时间序列数据的分析，以上四个时间点在时间维度上也同样具有代表性。

首先，从时间维度来看，从 1980 年到 2004 年，浙江省和江苏省的刑事犯罪率均增长了将近 10 倍，而贵州省的刑事犯罪率仅增长了两倍；而从 1990 年到 2004 年，从可对比的省份来看，浙江省的刑事犯罪率上升了 3 倍，江苏省的刑事犯罪率上升为原来的 4.8 倍，贵州省在此期间的刑事犯罪数据则几乎维持不变；再参考 1985 年"严打"期间的统计数据，所有省份犯罪率相比 1980 年均显著下降，而到了 1990 年又有大幅度上升。以上对比说明，和国家层级时间序列数据的发现一致，改革开放以来所有省份的刑事犯罪均有大幅度的增长，除了“严打”期间犯罪率略有下降，其他所有年份犯罪率均维持较高的增长态势；其中，90 年代之后经济发展和社会转型的加速，刑事犯罪的快速增长尤为明显。

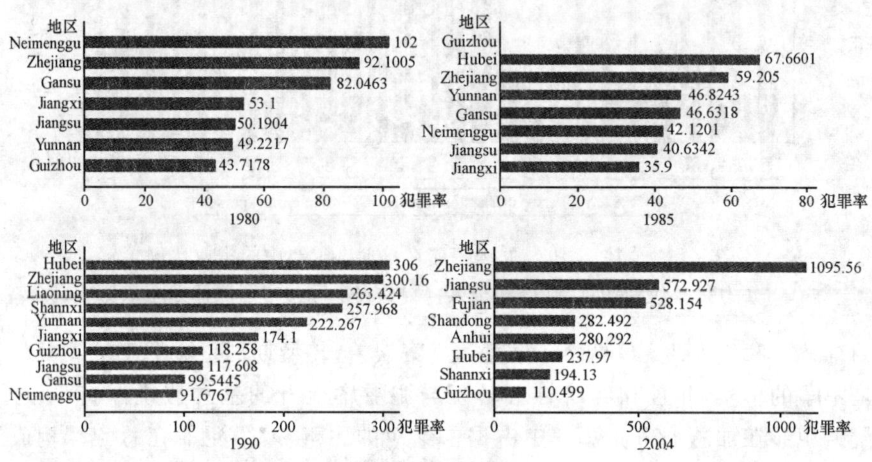

图 3.6　不同时点的分省刑事犯罪率变动

注：(1)刑事犯罪率定义为每十万人口的刑事犯罪立案数；(2)不同省份的刑事犯罪立案数分别来源于各省历年统计年鉴、公安志或者省级年鉴中公安部门的年度报告。

其次，从省级截面的比较来看，不同省份之间的刑事犯罪差异非常显著，并且随着经济的发展省份间对比越发明显。从图 3.6 所列的 13 个省份的情况看，1980 年刑事犯罪率最高的省份与最低省份的对比仅仅为 2.3 倍，而 2004 年最高刑事犯罪率的省份与最低刑事犯罪率省份的刑事犯罪率比值高达 9.91。省份之间刑事犯罪率的最高最低对比，在 1985 年“严打”期间最低，为 1.88 倍。另外，值得注意的是，从 2004 年的省级数据来看，刑事犯罪率较高的均是东部沿海经济相对发达的省份，经济欠发达的省份刑事犯罪率则低于国家加总的平均水平。

虽然，省级刑事犯罪率的直接对比并不能简单反映地区社会治安状况差异，并且正如 Soarce(2004)的国际比较研究发现，经济相对发达的国家和地区犯罪报案率也相应增加，因而以上省级刑事犯罪的差异同时也受到了犯罪统计偏差因素的干扰。尽管如此，以上不同时点的省级截面数据的组间和组内比较，至少还是初步表明：第一，由于经济社会条件的差异，我国分省的刑事犯罪的异质性非常显著，因而如果不能对这种不可观测的异质性因素进行控制，那么基于省级截面数据的回归分析将存在明显偏误；第二，经济发展带来犯罪率在不同地区的非平衡增长，意味着我国转型期经济和逐利因素对刑事犯罪率的增加有显著影响；第三，刑事犯罪在不同地区的分布差异也意味着，除了经典犯罪经济学模型提示的逐利因素以及犯罪威慑变量，在我国转型期犯罪问题的研究中，还必须将经济发展的过程变量加入到宏观犯罪供给模型中加以考察。

3.2　我国转型期刑事犯罪率变动的国际比较

前面一节从国家级的犯罪时间序列与省级不同时点的刑事犯罪截面数据出发，对我国转型期刑事犯罪变动的时间维度和分省差异展开了考察。本节进一步从国际比较的角度，对已有转型期刑事犯罪的典型事实描述作出补充。理论上，国家级别犯罪率数据的比较可能更好地反映了经济发展、社会转型对刑事犯罪的影响，因为国家是一个相对独立封闭的观测点，不大可能出现大规模的国家间犯罪人口流动导致的犯罪输入输出问题。然而很多时候，国际犯罪率数据的比较并不可行，这其中最重要的原因是不同国家司法体系和立案标准的差异使得国际犯罪率数据的绝对值存在许多不可比的要素。这一点与前面一节提及的刑事犯罪立案标准的调整本质上存在相似之处。于是，沿着相似的分析思路，现今国际刑事犯罪率比较研究中，较为一致的做法是选取定义标准相对一致的抢劫犯罪和杀人犯罪，分别视为侵财犯罪和暴力犯罪的代表，以此反映不同国家社会治安状况的变化(Fajnzylber et al，2002)。类似的，本节利用联合国发布的 CTS 调查数据[①]，选取抢劫犯罪和杀人犯罪两个犯罪率指标，将我国转型期刑事犯罪的变动置于国际犯罪数据比较的背景下加以考察。同样也是因为样本中的国家数据并非完备，同时为了避开 80 年代初“严打”运动对我国刑事犯罪统计的异常影响，我们分别选取 80 年代末的四个年份，90 年代的前中后三个年份，以及 2000 年之后的两个年份，对部分国家的刑事犯罪数据进行比较分析。样本国家的选取基本原则是照顾数据的可得性，同时兼顾亚洲国家和发达国家两个比较维度。

---

① CTS 调查全称为“联合国犯罪趋势演变与刑事司法系统运作调查(United Nations Survey of Crime Trends and Operation of Criminal Justice Systems)”。该调查是由联合国毒品与犯罪办公室(United Nations Office of Drugs and Crime)组织运作，近年以来大约每两年进行一次，每次发布相邻两年的数据。最早的 CTS 调查数据涵盖 20 世纪 70 年代的国际犯罪率数据，最近一次发布的是 2005 年和 2006 年的第 10 次调查数据。有关历次调查的更多细节，请参考 http://www.unodc.org。

图 3.7 报告了基于最近的一次 CTS 调查数据的比较结果。首先，我们所选取的杀人犯罪、抢劫犯罪和总犯罪率三个指标，在 2005 年和 2006 年的取值均比较接近，这意味着这些国家这两年中犯罪数据较少受到异常的冲击，所以任选一年的数据进行比较分析，结果没有差别。其次，虽然从总犯罪率指标看，我国的指标值普遍明显低于发达国家(2005 年我国的刑事犯罪大致只有美国的十分之一，日本的五分之一，和印度及新加坡的刑事犯罪率比较接近)。但是，如果按照统计口径相对一致的谋杀犯罪指标进行比较，2005 年美国的谋杀犯罪仅为我国的 3.51 倍，而加总刑事犯罪率远高于我国的日本、德国和奥地利，谋杀犯罪率甚至都低于我国；类似的，侵财犯罪方面，抢劫犯罪的对比显示，2005 年美国抢劫犯罪仅是我国的 5.48 倍，日本的抢劫犯罪同样显著低于我国。不同国家加总刑事犯罪率和谋杀犯罪及抢劫犯罪比较所呈现的巨大差异，意味着如果谋杀犯罪和抢劫犯罪的平均报案率和统计误差均低于总刑事犯罪率，那么第 10 次联合国 CTS 调查数据的比较表明，我国刑事犯罪水平和西方发达国家的差距并没有总刑事犯罪对比显示的那么大；而且，如果将每年大致相同数量的治安犯罪加入考虑，调整后的我国刑事犯罪的绝对水平仍旧显著低于西方发达国家，但是抢劫犯罪和谋杀犯罪在总犯罪率中的占比却明显高于西方发达国家。

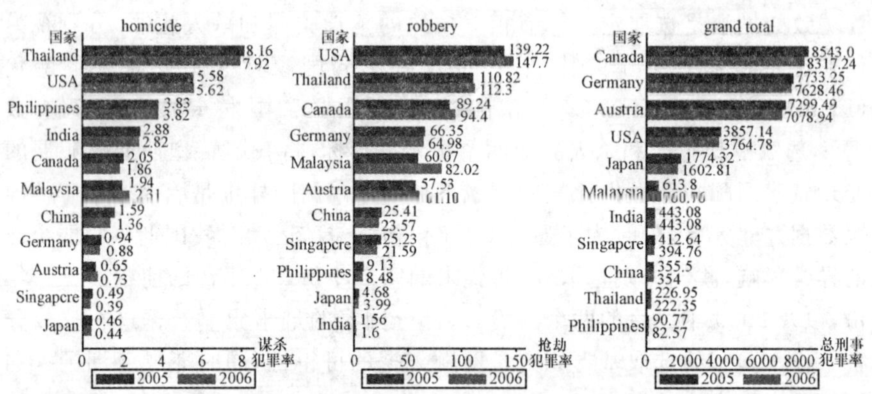

图 3.7　基于第 10 次 CTS 数据的国际犯罪率对比

注：(1)每个国家的上面一个柱形为 2005 年数据，下一个柱形为 2006 年数据；(2)三幅图从左到右依次为谋杀犯罪、抢劫犯罪和总刑事犯罪；(3)数据来源：CTS 第 10 次调查。

鉴于不同国家刑事犯罪立案标准存在显著差别，总刑事犯罪率在国家截面维度的比较意义非常有限，因而我们接下来的分析将主要集中在具有比较价值的抢劫和杀人犯罪。20 世纪 90 年代国际犯罪数据的比较中，我们选取了 1990(1991)年、1994(1995)年和 1999 年三个时间点，同时分别描述不同国家在以上三个时间截面上的抢劫犯罪率和谋杀犯罪率的绝对数及相应的增长率，具体结果报告在图 3.8 和图 3.9 中。首先，从三个时间点的比较来看，虽然我国的谋杀犯罪率的绝对值维持较低水平，远低于同样处于经济社会转型的俄罗斯，但是高于同处亚洲的日本和韩国，从 1999 年的数据来看甚至高于美国；并且增长率指标显示，不论和亚洲国家还是发达国家相比，我国在 1991 年、1994 年和 1999 年三个时点的谋杀犯罪增长都不容乐观。其次，尽管我国抢劫犯罪率的绝对数在三个时间点上均远远低于俄罗斯、加拿大和美国的水平，但是从图 3.9 的增长率指标来看却又显著高于图中的大多数国家。所以，和第 10 次 CTS 数据的比较类似，以上对比意味着，90 年代的这三个年份，虽然我国的抢劫犯罪率的绝对数很低，但谋杀犯罪率高于许多亚洲国家，甚至和西方发达国家的差距也比总刑事犯罪率显示的结果缩小很多，并且 1991 年和 1999 年抢劫犯罪增长率均高于许多发达国家。

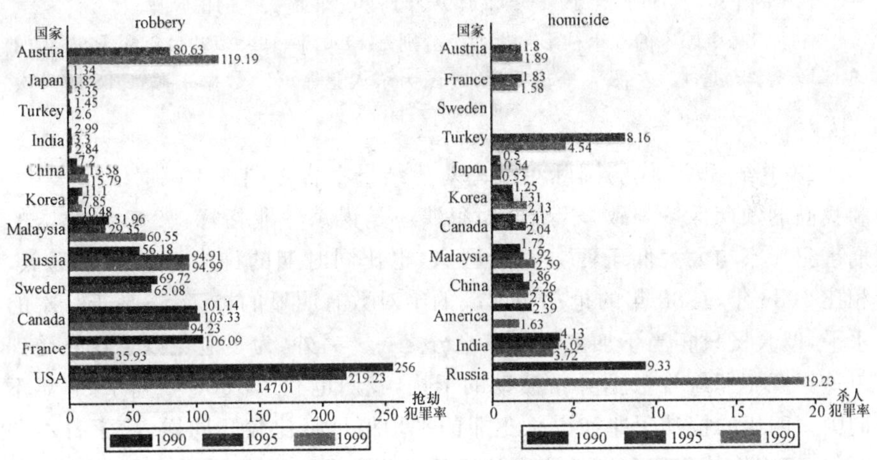

图 3.8 1990 年、1995 年和 1999 年刑事犯罪率的国际比较

注：(1)每个国家的三个柱形自上而下分别是 1990 年、1995 年和 1999 年的犯罪率数据；(2)第一幅图是抢劫犯罪，第二幅图为杀人犯罪；(2)数据来源：CTS 的历次调查。

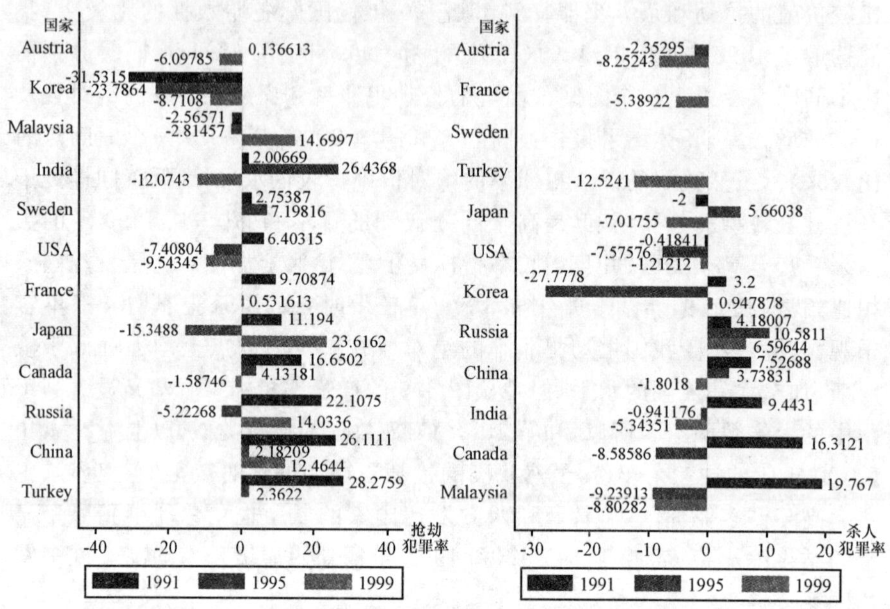

图 3.9　1991 年、1995 年和 1999 年刑事犯罪增长率的国际比较

注:(1)每个国家的三个柱形自上而下分别是 1990 年、1995(1994)年和 1999 年的犯罪增长率数据;(2)左图为抢劫犯罪,右图为杀人犯罪;(2)数据来源:CTS 的历次调查。

20 世纪 80 年代的国际犯罪率对比结果报告在图 3.10 到图 3.12 中。和我们的预期保持一致,不论抢劫犯罪还是谋杀犯罪指标,1986 年我国的刑事犯罪率均大大低于西方发达国家,也比同时期的许多亚洲国家都低。相比 1986 年,1988 年的抢劫犯罪率的绝对数有明显的提高,略高于日本的水平,但大概只相当于加拿大的三十分之一。另外,为了避免以上比较受到单一年度犯罪统计数据异常波动的干扰,我们也利用 1986 年到 1989 年不同国家四年的抢劫犯罪和谋杀犯罪的平均值进行比较。同样,除了日本和缅甸,我国抢劫犯罪和谋杀犯罪均远低于西方发达国家水平,但是相比之下抢劫犯罪和西方国家的差距比谋杀犯罪要大得多。最后,从图 3.12 的增长率指标来看,由于 80 年代末刑事犯罪的异常膨胀,我国的抢劫犯罪率增长速度在所有比较国家中位居首位,而谋杀犯罪指标增长率也比大多数国家高。

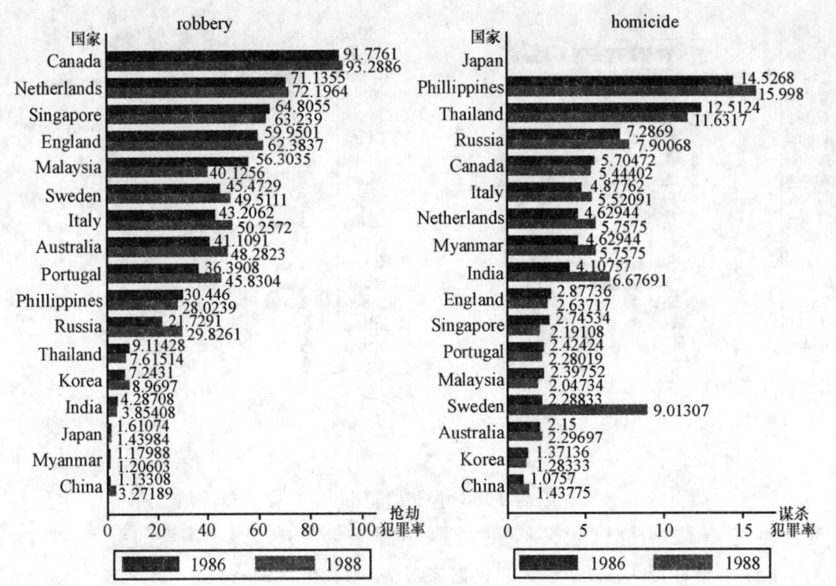

图 3.10　抢劫犯罪率与谋杀犯罪率的国际比较(1986—1989)

注:(1)第一幅图为抢劫犯罪率,第二幅图为谋杀犯罪率。每个国家的上面一个柱形为 1986 年,下面一个柱形为 1988 年;(2)数据来源为历年 CTS 调查。

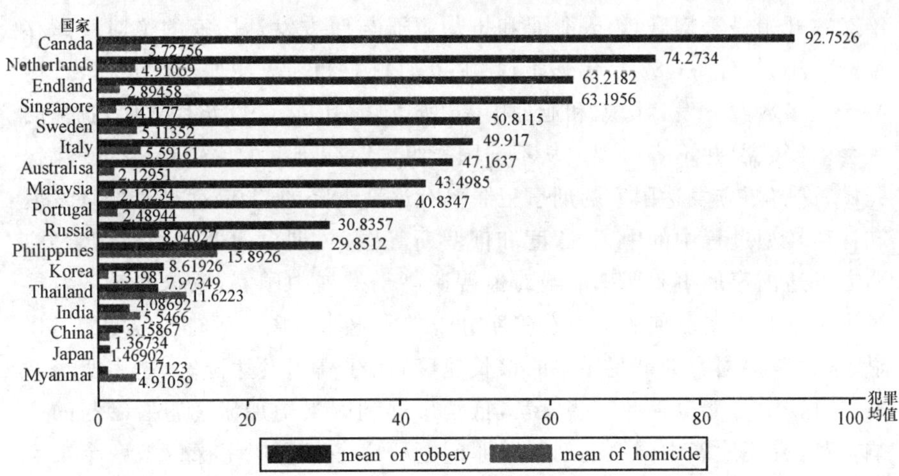

图 3.11　抢劫犯罪与谋杀犯罪的均值比较(1986—1990)

注:(1)每个国家的上面一个柱形为对应的抢劫犯罪水平,而下面一个柱形为谋杀犯罪;(2)刑事犯罪率指标为各国 1986 年到 1989 年的平均值;(3)数据来源为 CTS 历次调查。

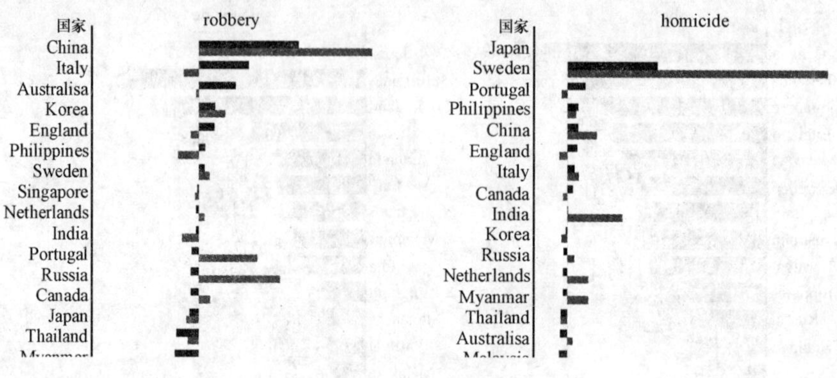

图 3.12　1987 年与 1988 年抢劫犯罪与谋杀犯罪的增长率

注:(1)第一幅图为抢劫犯罪的,第二幅图为谋杀犯罪;(2)每个国家的上面一个柱形为 1987 年,下面一个柱形为 1988 年;(3)数据来源为 CTS 历次调查。

综合以上三个时间段的国际犯罪率数据的比较,组间截面维度的比较显示,虽然 20 世纪 80 年代我国的刑事犯罪率远低于西方发达国家,和亚洲国家相比犯罪率同样维持较低的水平;但是 90 年代之后我国的刑事犯罪率绝对数开始显著攀升,杀人犯罪和抢劫犯罪与西方发达国家的绝对距离在逐渐缩小;另外,从 80 年代开始,我国抢劫犯罪和杀人犯罪的增长率,普遍高于大多数西方发达国家和亚洲国家,所以,尤其进入 90 年代之后,我国的社会治安状况并不容乐观。从不同国家组内时间维度的比较看,从 80 年代开始,许多西方发达国家的刑事犯罪率有逐渐下降的趋势,而处于经济发展和社会转型过程中的中国、印度和俄罗斯等国家,刑事犯罪率均持续攀升。西方发达国家刑事犯罪率的绝对值普遍高于发展中国家,意味着经济发展过程中逐利因素驱使更多潜在犯罪分子进入犯罪市场。而时间维度的对比显示,发展中国家刑事犯罪率的增长速度,往往高于发达国家,这表明经济发展过程中可能也存在一些要素,抵消了逐利因素增加激励犯罪参与的影响,所以有关发展中国家的刑事犯罪问题研究必须同时考虑以上两个维度的影响。

3.3　本章小结

改革开放以来,我国经济快速增长和社会加速转型的同时,也催生了一系列亟待关注的新社会现象和问题。基于官方公布的刑事犯罪统计资料,本章从国家层级的刑事犯罪率时间序列数据入手，对我国转型期刑事犯罪率的演变趋势展开了详细的描述。同时，为了避免国家层级的刑事犯罪率数据可能存在测量误差，以及由于刑事犯罪立案标准的调整而出现的不一致问题，我们也考察了不受立案标准调整的其他刑事犯罪率序列的变动情况。另外，还利用不同时点的省级截面犯罪率数据，和三个时间段的国际刑事犯罪率数据，分别从组间和组内两个角度对单一国家层级的刑事犯罪率分析做了详细的补充。

综合起来，我们的发现包括以下几方面。首先，即使考虑统计误差，20世纪80年代以来，伴随经济发展和社会转型，我国的刑事犯罪率显著上升。第二，除了历次"严打"运动，所有年份侵财犯罪在总刑事犯罪率中均占据绝对的比例，快速增长的侵财犯罪表明逐利因素在我国转型期的刑事犯罪供给中，存在举足轻重的影响。第三，虽然迄今和西方发达国家相比，我国的加总刑事犯罪率的绝对数仍旧维持较低水平，但是更具参考价值的抢劫犯罪率和杀人犯罪率指标显示，90年代以来我国和西方国家的刑事犯罪率的绝对距离正在逐渐缩小，而刑事犯罪率的增长速度却明显超过西方发达国家的平均水平。第四，侵财犯罪在我国刑事犯罪构成中占据绝对份额，而省级截面上刑事犯罪与经济发展水平密切相关，以上两个因素提醒我们，有关我国转型期刑事犯罪供给的研究，不仅要充分重视传统犯罪经济学模型的逐利因素分析，同时犯罪供给模型的估计更是不能忽略经济发展变量，后者在国际犯罪率的比较中同样得到支持。最后，技术上、时间维度上我国转型期刑事犯罪率受到多次异常冲击，而省级截面上也充分显示了犯罪率分布的地区异质性，因而如果犯罪供给模型的估计没有同时考虑以上两个方面的影响，最终结果可能出现偏误。

4 收入差距与我国转型期的刑事犯罪:模型分析

传统犯罪学和犯罪社会学的研究中,犯罪被视为与正常社会行为存在截然有异的驱动因素。其中,犯罪学倾向于从犯罪生理和心理的特异性内质探寻犯罪动因(Taft and England,1964);而犯罪社会学的分析则更多时候认为犯罪是一种社会异化和社会环境塑造产生的失范行为(Daniel Glaser,1978)。与此不同,思想上源于 Beccaria(1764)和 Bentham(1789),而事实上发端于 Becker(1968)和 Ehrlich(1973、1975、1981)的一系列开创性文献的犯罪经济学,强调统一的理性选择模型在理解犯罪行为中的重要意义,主张犯罪分子与正常人类似,同样响应激励约束条件的变化(Ehrlich,1973、1996)。

作为后续实证研究的逻辑演绎基础,本章在犯罪经济学的标准框架内推导收入差距扩大激励犯罪参与的传导机制;进而加入经济发展因素扩展基本犯罪参与模型的比较静态分析,以此理解我国转型期收入差距扩大与犯罪率上升的基本逻辑,并提炼有待计量分析检验的相关假说。就分析技术而言,本章第一部分的局部均衡分析主要基于 Ehrlich(1973)的犯罪时间配置模型展开;而第二部分的分析基础是 Chiu 和 Madden(1998)的宏观犯罪模型。值得指出的是,基于时间配置的局部均衡模型构成几乎所有犯罪经济学经验研究的分析起点;而侧重于职业选择的宏观犯罪模型,在近 10 年的犯罪经济学研究中受到前所未有的强调和重视。

4.1 不确定条件下的时间配置与犯罪参与

沿袭 Beccaria(1764)和 Bentham(1789)的古典犯罪威慑思想,源于 Becker(1968)的犯罪经济学研究,将犯罪参与视为理性个体在不确定条件下权衡犯罪的预期惩罚和预期收益的决策结果。本节在犯罪经济学的经典框架内,讨论收入差距变动对犯罪参与的影响,并在此基础上推导扩展的经济社会变量与犯罪参与的比较静态。

4.1.1 基本犯罪参与模型①

在一个典型的个体时间配置(Time Allocation)模型中(Becker,1991),假定劳动者的初始财富或非劳动收入为 A ,他面临的劳动参与决策问题是在合法市场和非法市场上分别分配时间 t_l 、t_i 以最大化自己的预期效用。假定合法市场与非法市场工资函数分别为 $W_l(t_l)$ 和 $W_i(t_i)$,以及劳动者参与非法市场被逮捕的概率外生给定为 b ,并且一旦被逮捕行为人将受到相当于货币价值 $F(t_i)$ 的惩罚②。因此,劳动者存在两种收益状态:(1)以概率 $1-b$ 获得收入 $I_1 = A + W_l(t_l) + W_i(t_i)$;(2)以概率 b 获得收入 $I_2 = A + W_l(t_l) + W_i(t_i) - F_i(t_i)$ 。依惯例,工资收入与犯罪惩罚均假定为其自变量的增函数:

$$\frac{\mathrm{d}W_l}{\mathrm{d}t_l} > 0 ,\ \frac{\mathrm{d}W_i}{\mathrm{d}t_i} > 0 ,\ \frac{\mathrm{d}F_i}{\mathrm{d}t_i} > 0$$

最后,假定行为者具有冯・诺伊曼—摩根斯坦(vNM)效用函数。那么,行为者的期望效用可以表示为:

$$\begin{aligned} EU &= (1-b)U(I_1) + bU(I_2) \\ &= (1-b)U[A + W_l(t_l) + W_i(t_i)] + bU[A + W_l(t_l) \\ &\quad + W_i(t_i) - F_i(t_i)] \end{aligned} \tag{4-1}$$

这样一来,代表性行为人的非法市场劳动供给,将转化成为一个时间约束下的期望效用最大化问题:

$$\begin{aligned} &\max_{t_l, t_i} EU \\ &s.t. \qquad t_l + t_i \leqslant T \end{aligned} \tag{4-2}$$

其中, T 为劳动者的时间禀赋。在内点解的情况下,求解效用最大化的一阶条件(FOC),经整理可表示为:③

$$\begin{aligned} D_1 = \frac{\partial EU}{\partial t_i} &= (1-b)U'(I_1)(w_i - w_l) \\ &\quad + bU'(I_2)(w_i - w_l - f_i) = 0 \end{aligned} \tag{4-3}$$

其中, $w_i = \mathrm{d}W_i/\mathrm{d}t_i$, $w_l = \mathrm{d}W_l/\mathrm{d}t_l$ 以及 $f_i = \mathrm{d}F_i/\mathrm{d}t_i$ 。w_l 和 w_i 分别为行为者在合法市场与非法市场上的工资率。如果合法和非法劳动市场均

---

① 本节和下一小节的分析,部分内容参考了论文作者之前发表的文章,特此说明。

② 犯罪行为者被逮捕时,常见惩罚形式包括罚款和监禁。前一种情况下惩罚的货币价值明确,而后一种情形下货币价值并不明显。但许多作者(比如,Ehrlich,1973、1996)都指出,监禁成本可以通过劳动市场工资收入损失加以近似,所以,这个意义上不直接体现为货币成本的监禁对模型分析不构成根本挑战。

③ 角点解的情况将在宏观犯罪供给模型扩展中展开讨论。

完全竞争，则市场工资率独立于犯罪个体的劳动时间配置决策。以上一阶条件(FOC)又可以进一步移项整理为：

$$\frac{bU'(I_2)}{(1-b)U'(I_1)}=-\frac{w_i-w_l}{w_i-w_l-f_i} \tag{4-4}$$

式(4-4)左边为行为者(效用)无差异曲线的斜率(定义在 $dEU^*=0$ 上)，而右边为行为者在两种状态下生产技术转换曲线的斜率。式(4-4)表明在最优时间资源配置条件下，行为者最后一个单位的劳动时间在两个市场上的边际产出比，正好等于两种收入状态下的边际效用之比。值得注意的是，式(4-3)和式(4-4)实际上隐含的定义了满足代表性个体预期效用最大化条件的犯罪时间配置。于是，对式(4-3)求解相关变量对犯罪时间的比较静态，可以得出不同变量对犯罪参与的差异性影响。另外，从式(4-4)中不难看出，满足市场均衡的一个必要条件为 $f_i>w_i-w_l$，即犯罪的边际惩罚应大于行为者在合法市场与非法市场上的工资率之差。否则，行为者选择非法市场活动总是占优于选择合法市场活动①。

进一步，在式(4-3)中通过对 t_i 求导可以推导出最优化问题(4-2)的二阶条件(SOC)，即满足式(4-4)的充分必要条件如下：

$$\begin{aligned} D_{11}=\frac{\partial^2 EU}{\partial t_i^2}=&(1-b)U''(I_1)(w_i-w_l)^2\\ &+bU''(I_2)(w_i-w_l-f_i)^2+(1-b)U'(I_1)\left(\frac{\mathrm{d}w_i}{\mathrm{d}t_i}+\frac{\mathrm{d}w_l}{\mathrm{d}t_l}\right)\\ &+bU'(I_2)\left(\frac{\mathrm{d}w_i}{\mathrm{d}t_i}-\frac{\mathrm{d}f_i}{\mathrm{d}t_i}+\frac{\mathrm{d}w_l}{\mathrm{d}t_l}\right)\\ <0& \end{aligned} \tag{4-5}$$

为了满足最优化问题(4-2)的二阶条件($D_{11}<0$)，我们需要添加如下假定：第一，行为者是风险规避，$U'>0$，$U''<0$；第二，代表性行为个体在合法市场和非法市场上的产出符合边际报酬递减，即 $\mathrm{d}w_l/\mathrm{d}t_l<0$，$\mathrm{d}w_i/\mathrm{d}t_i<0$；第三，犯罪的边际惩罚递增，或者和刑罚犯罪的“报复主义”传统保持一致，犯罪惩罚呈现累进性质，即：$\mathrm{d}f_i/\mathrm{d}t_i>0$。

最后，定义行为者在非法市场与合法市场上的工资率之差为：$k=w_i-w_l$。由于式(4-3)隐含的定义了犯罪个体效用最大化条件下的非法劳动时间配置，因而，根据隐函数求导法则，通过式(4-3)我们可以求出行为者在最优时间资源配置条件下，分配给非法市场上的非法劳动时间 t_i 对 k 的比较

① 这和 Bentham(1789)以来的刑罚威慑思想一致，即犯罪的惩罚必须超过从犯罪活动中所获得的收益。

静态：

$$\frac{\mathrm{d}t_i}{\mathrm{d}k}=-\frac{\mathrm{d}D_1/\mathrm{d}k}{\mathrm{d}D_1/\mathrm{d}t_i}=-\frac{(1-b)U'(I_1)+bU'(I_2)}{D_{11}}>0 \tag{4-6}$$

式(4-6)表明当非法市场与合法市场上的工资率之差扩大时，在原有最优劳动时间配置条件下，非法市场上的边际报酬将超过合法市场上的边际报酬，这将激励代表性行为者在非法市场中分配更多的劳动时间。

4.1.2 基本犯罪参与模型的扩展

上一小节设定了一个简单的犯罪活动参与模型，并通过求解代表性行为个体的预期效用最大化，得出潜在犯罪分子非法劳动时间配置的最优条件，并在此基础上展开收入差距（非法市场与合法市场上工资率之差）扩大影响犯罪参与的比较静态。然而，除了收入差距和劳动力市场状况因素，就我国转型期的具体现实而言，进入个体犯罪供给函数的变量至少还应当包括：执法威慑支出（P）、失业率（u）、政府福利补贴水平（W）和城市化水平（c）。值得指出的是，在已有基于发达国家样本的犯罪问题的定量研究中，前面三个变量均得到了较为充分的讨论，相反经济发展过程中的城市化进程及人口迁移的影响并没有得到应有的重视。然而，后者正是发展中国家经济发展和社会转型尤其值得关注的一个侧面。承接前面一节的讨论，本小节对基本犯罪活动参与模型进行扩展，在模型中引入城市化率、失业率、政府福利支出和执法支出等变量，在更一般的犯罪理论模型进一步讨论收入差距对犯罪供给的影响。

首先，我们认为行为者在从事犯罪活动时被逮捕的概率 b 不是一个常数，而是政府执法支出的函数：$b=b(P)$。简单起见，假定政府执法支出的产出符合边际报酬递减，并且执法支出通过一次性总量税收加以支付，执法支出增加，相应的被逮捕的概率越大，即 $b'_P>0$、$b''_P<0$。因而，类似的对式(3)定义的个体犯罪供给函数，求解非法劳动时间 t_i 对政府支出 P 的比较静态可得：

$$\begin{aligned}\frac{\mathrm{d}t_i}{\mathrm{d}P}&=-\frac{\mathrm{d}D_1/\mathrm{d}P}{\mathrm{d}D_1/\mathrm{d}t_i}=-\frac{(\mathrm{d}D_1/\mathrm{d}b)\times(\mathrm{d}b/\mathrm{d}P)}{\mathrm{d}D_1/\mathrm{d}t_i}\\&=\frac{U'(I_1)(w_i-w_l)-U'(I_2)(w_i-w_l-f_i)}{D_{11}}\end{aligned} \tag{4-7}$$

注意到，非法劳动时间配置的一阶条件（FOC）式(4-3)也可以移项整理为：

$$\begin{aligned}&U'(I_1)(w_i-w_l)\\&=b[U'(I_1)(w_i-w_l)-U'(I_2)(w_i-w_l-f_i)]\end{aligned} \tag{4-8}$$

因而，结合二阶条件 $D_{11}<0$ 和式(4-7)，我们可以得出和 Becker

(1968)一致的执法威慑效应，政府执法支出增加，犯罪的预期惩罚上升，犯罪参与倾向于下降：

$$\frac{\mathrm{d}t_i}{\mathrm{d}P} < 0 \tag{4-9}$$

其次，如果我们把失业纳入到犯罪活动参与模型中，那么行为者将处于四种可能的状态：(1)以概率 $(1-b)(1-u)$ 处于就业未逮捕的状态，其收益为 $I_1 = A + W_l(t_l) + W_i(t_i)$ ；(2)以概率 $b(1-u)$ 处于就业被逮捕的情形，收益为 $I_2 = A + W_l(t_l) + W_i(t_i) - F_i(t_i)$ ；(3)以概率 bu 处于失业被逮捕的状态，其收益为 $I_3 = A + W_i(t_i) - F_i(t_i)$ ；(4)以概率 $(1-b)u$ 处于失业未逮捕的状态，收益为 $I_4 = A + W_i(t_i) + W$ 。和 Zhang(1997)的设定类似，行为者在失业未逮捕时，可以获得数额为 W 的社会福利补偿。最后，随着经济发展城市化进程的提高，一方面城市化导致更多人口的集聚，犯罪的机会增加，犯罪活动的潜在收益也越高(Glaeser and Sacerdote，1999；Zenou，2008)。因此，从事非法活动的工资率 w_i 为城市化率的增函数，即 $w_i = w_i(c)$，且 $\mathrm{d}w_i/\mathrm{d}c > 0$。但另一方面，随着城市化水平的不断上升，剩余劳动力从农业部门转移到工业部门，这又可能使得低收入阶层在合法市场上的工资率逐渐上升，即 $w_l = w_l(c)$，而 $\mathrm{d}w_l/\mathrm{d}c > 0$。

综上，在扩展的犯罪参与模型中，行为者的期望效用可以重新表示为：

$$\begin{aligned} EU = {} & (1-b)(1-u)U(I_1) + b(1-u)U(I_2) + buU(I_3) \\ & + (1-b)uU(I_4) \end{aligned} \tag{4-10}$$

同样在时间资源禀赋的约束上($t_l + t_i \leqslant T$)，行为者通过最大化期望效用(4-10)实现其在两个市场上的最优时间资源配置，相应的一阶条件(FOC)为：

$$\begin{aligned} D_1 = \frac{\partial EU}{\partial t_i} = {} & (1-b)(1-u)U'(I_1)(w_i - w_l) \\ & + b(1-u)U'(I_2)(w_i - w_l - f_i) + buU'(I_3)(w_i - f_i) \\ & + (1-b)uU'(I_4)w_i = 0 \end{aligned} \tag{4-11}$$

其中，w_i 、w_l 和 f_i 的定义和上一小节相同。类似的，我们可以进一步求解满足式(4-10)期望效用最大化的二阶充分必要条件(SOC)：

$$\begin{aligned} D_{11} = \frac{\partial^2 EU}{\partial t_i^2} = {} & (1-b)(1-u)U''(I_1)(w_i - w_l)^2 \\ & + b(1-u)U''(I_2)(w_i - w_l - f_i)^2 + buU''(I_3)(w_i - f_i)^2 \\ & + (1-b)uU''(I_4)w_i^2 + (1-b)(1-u)U'(I_1)(\frac{\mathrm{d}w_i}{\mathrm{d}t_i} + \frac{\mathrm{d}w_l}{\mathrm{d}t_l}) \end{aligned}$$

$$+b(1-u)U'(I_2)(\frac{dw_i}{dt_i}-\frac{df_i}{dt_i}+\frac{dw_l}{dt_l})$$

$$+buU'(I_3)(\frac{dw_i}{dt_i}-\frac{df_i}{dt_i})+(1-b)uU'(I_4)\frac{dw_i}{dt_i}$$

$$<0 \tag{4-12}$$

为了保证式(4-12)的二阶条件小于零成立，我们需要假定行为人为风险规避，同时行为人在两个市场的产出符合边际递减，而犯罪惩罚则是累进性质，即随着犯罪时间的增加，对犯罪的边际惩罚趋于递增。

由于式(4-11)的一阶条件(FOC)也是隐含的定义了扩展后的行为者犯罪时间配置的最优条件。因而，我们同样通过对式(4-11)求解合法市场与非法市场工资差异(k)，福利支出(W)、失业率(u)和城市化变量(c)，对最优犯罪时间配置 t_i 的比较静态。具体结果如下：

$$\frac{dt_i}{dk}=-\frac{dD_1/dk}{dD_1/dt_i}=-\frac{(1-b)(1-u)U'(I_1)+b(1-u)U'(I_2)}{D_{11}}$$

$$>0 \tag{4-13}$$

$$\frac{dt_i}{dW}=-\frac{dD_1/dW}{dD_1/dt_i}=-\frac{(1-b)uU''(I_4)}{D_{11}}<0 \tag{4-14}$$

$$\frac{dt_i}{du}=-\frac{dD_1/du}{dD_1/dt_i}=-\frac{\Gamma}{D_{11}}>0 \tag{4-15}$$

其中：

$$\Gamma=b[U'(I_3)(w_i-f_i)-U'(I_2)(w_i-w_l-f_i)]$$
$$+(1-b)[U'(I_4)w_i-U'(I_1)(w_i-w_l)] \tag{4-16}$$

注意到代表性个体为风险规避，所以效用函数的一阶导数大于零而二阶导数小于零，即：$\frac{dU}{dI}>0$，$\frac{d^2U}{dI^2}<0$；由于 $I_1>I_4$，$I_2>I_3$，因而结合式(4-12)，我们可以判断在扩展到犯罪时间配置模型中，合法市场工资率与非法市场工资率差异扩大，犯罪率将上升；福利补贴提高增加了犯罪的机会成本，所以犯罪时间配置倾向于下降；与此相反，失业率上升降低了犯罪的机会成本，所以潜在犯罪参与者将在非法活动中配置更多劳动时间。

最后，由于城市化进程对合法劳动市场工资率和非法劳动市场工资率均有影响。因而，在推导城市化进程对犯罪时间配置的比较静态之前，我们先在式(4-11)中分别对合法市场工资率和非法市场工资率求解非法劳动时间 t_i 的比较静态。和直觉一致，合法市场工资率上升降低犯罪参与的激励，相反非法市场工资率上升将促使潜在犯罪分子在非法活动中配置更多的时间。

$$\begin{aligned}\sigma_{w_i} &= -\frac{\mathrm{d}D_1/\mathrm{d}w_i}{\mathrm{d}D_1/\mathrm{d}t_i} \\ &= -\frac{(1-b)(1-u)U'(I_1)+b(1-u)U'(I_2)+buU'(I_3)+(1-b)uU'(I_4)}{D_{11}} \\ &> 0 \end{aligned} \tag{4-17}$$

$$\begin{aligned}\sigma_{w_l} &= -\frac{\mathrm{d}D_1/\mathrm{d}w_l}{\mathrm{d}D_1/\mathrm{d}t_i} \\ &= -\frac{-(1-b)(1-u)U'(I_1)-b(1-u)U'(I_2)}{D_{11}} \\ &< 0 \end{aligned} \tag{4-18}$$

于是,进一步对式(4-11)定义的非法劳动供给函数求解城市化进程对犯罪时间配置的比较静态可得:

$$\frac{\mathrm{d}t_i}{\mathrm{d}c} = -\frac{\mathrm{d}D_1/\mathrm{d}c}{\mathrm{d}D_1/\mathrm{d}t_i} = -\frac{1}{D_{11}}\left[\sigma_{w_i}\frac{\mathrm{d}w_i}{\mathrm{d}c} - \sigma_{w_l}\frac{\mathrm{d}w_l}{\mathrm{d}c}\right] \tag{4-19}$$

值得注意的是,根据式(4-19)的比较静态结果,城市化水平对犯罪参与的影响将出现两个方向相反的效应,即一方面城市化加快潜在获利水平集聚,激励更多的犯罪参与,而另一方面随着城市化水平的提高,合法市场的工资率水平逐渐上升,后者部分抵消潜在获利水平增加对犯罪参与的激励。所以,总体上城市化水平对犯罪参与的影响并不确定。但是,一般来说,在城市化水平较低的时候,城市化对低收入群体合法市场收入均值上升的影响并不显著,相反城市化导致潜在获利水平集聚的影响则很明显,而随着城市化水平的提高,犯罪获利水平集聚效应逐渐下降,低收入群体合法收入增加效应则开始慢慢显著。所以,我们预期我国经济发展过程中,城市化发展的早期犯罪率上升,但是随着城市化进程加快,城市管理水平提升和城市部门劳动力市场状况改善,城市化对犯罪率增加的影响将趋于下降。

综合以上分析,一个行为者的最优犯罪时间 t_i 的函数可以表示为:

$$t_i = f(k, c, u, W, P, A) \tag{4-20}$$

4.1.3 收入差距与犯罪供给

以上犯罪活动参与模型的分析是建立在内点解基础之上,但是现实社会中大部分人群并没有进入犯罪市场,因此,微观层面的犯罪参与模型的角点解情况有必要加以讨论。通过对最优化问题(4-2)的库恩—塔克条件展开分析,可以推导出行为者进入犯罪市场的充分必要条件(犯罪门槛)为:

$$-\frac{w_i - w_l}{w_i - w_l - f_i} > \frac{b}{1-b} \tag{4-21}$$

不等式(4-21)隐含地给出,行为者从事犯罪活动的必要条件是:从事非法活动第一个时间单位的期望边际报酬应大于从事合法活动的边际报酬。另外，值得指出的是，当非法市场与合法市场工资率之差（$w_i - w_l$）扩大时，不仅现有犯罪市场参与者将在非法活动上配置更多时间（式(4-6)），而且将有更多个体符合进入犯罪市场的“门槛条件”（式(4-21)），二者共同作用导致犯罪率上升。因而，从宏观加总角度看，社会总的犯罪率可以看作是由合法劳动力市场上的工资密度函数和犯罪市场上的工资密度函数同时决定的一个联合累积概率分布函数(joint cumulative distribution function)，它体现了行为个体对合法劳动力市场和犯罪市场工资（收入）水平分布变化所作出的最优调整(Ehrlich，1973)。

然而，需要指出的是，与合法市场不同，行为者在非法劳动市场上的潜在工资率 w_i 实际上不可直接观测(Ehrlich，1973)。但是，Ehrlich(1973)曾指出，以侵财为目的的非法活动侵害的一般是高收入阶层，所以高收入阶层的平均收入可以作为非法市场劳动工资率的代理变量；相应的，低收入阶层的平均收入水平则对应为潜在非法市场参与者的合法市场平均工资率。事实上，近年 Chiu 和 Madden(1998)、Imrohoroglu 等(2000)以及 Burdett 等(2003)的工作也分别证明了，在一系列合理假定条件下，一个初始收入分配不均的社会，最终包含犯罪活动的一般均衡的结果是，高收入群体以一定概率成为犯罪受害者，而低收入人群将有选择地参与犯罪市场[①]。这样一来，以上犯罪参与模型所讨论的非法市场与合法市场的工资率差距，恰好可以对应为宏观层面的收入差距。因而，当社会收入差距扩大时，低收入阶层的合法收入将降低，与此同时高收入阶层的合法收入将提高，这意味着合法市场工资率和非法市场工资率的差距变大，将激励更多潜在非法活动参与者进入犯罪市场，已有犯罪分子也将在非法活动中分配更多劳动时间，二者共同导致社会加总层面上犯罪率上升。

另外，就以上犯罪参与模型的计量经济分析而言，还必须注意的是，由于我们通常使用的宏观层面的收入差距指标，比如 Gini 系数或最高收入分组与最低收入分组的收入比，实际上仅给出高收入群体与低收入群体收入差距的相对距离，而微观犯罪参与模型中涉及的合法市场与非法市场工资率差距是一个绝对距离。因而，除了体现相对距离的收入差距指标，一般来说，计量模型中还有必要引入一个作为绝对距离表征的群体收入均值。结

---

① 这三篇文献论证的侧重点各有不同，但模型的核心思路都是从群体中个体收入分布出发推导出收入差距与犯罪率的关系，从某种意义上，可以视为为我们的微观犯罪参与模型过渡到宏观犯罪供给函数提供了支持。这类模型更为详细的细节将在下一节的犯罪职业模型分析中展开。

合上一小节的模型推导，宏观收入差距扩大，即收入相对距离拉大，将不可避免地导致宏观犯罪率上升；而如果收入的相对距离不变，群体收入均值提高，也将通过增加收入差距的绝对距离导致宏观犯罪率上升。前面一种传导机制是典型的替代效应(SE)，后面这种机制我们不妨称之为收入水平的规模效应①(Scale Effect)。还需注意的是，虽然从收入差距的绝对距离角度看，收入差距的相对距离不变，合法工资率或群体收入均值增加，宏观犯罪率将上升；但是，式(4-18)表明，合法工资率上升将对非法劳动市场参与产生替代作用，并且合法收入水平的替代效应和收入水平的规模效应方向正好相反，所以，最终群体收入水平的提高对犯罪率的影响不能确定。

综上，由于非法市场工资率不可直接观测，但是如果主要考虑侵财犯罪，那么我们可以利用高收入群体的收入作为非法市场工资率的代理变量。进而，两个市场的工资差距可以分解为相对距离和绝对距离，前者对应为宏观层面的收入差距，而后者则是群体的收入均值。以上扩展的局部均衡模型的比较静态推导表明：收入差距扩大，犯罪率上升；而人均收入水平上升，对犯罪率的影响并不确定②；另外，我国转型期政府在公共执法和福利项目上的支出增长，均对犯罪参与有抑制作用；然而，和城市犯罪问题方面的理论模型不同，我们发现经济发展过程中，由于同时存在潜在犯罪收益聚集效应和低收入群体合法收入上升两个效应，并且在城市化水平较低的时候前者占优，而城市化发展到一定程度后，城市化增加收入水平效应慢慢开始起到反方向的犯罪降低效果，因而，总的来说，城市化进程对犯罪率的影响将存在较为独特的先增加后降低的倒U型曲线形状。

4.2 职业选择与宏观犯罪模型③

前面一节在Ehrlich(1973)的经典分析框架内，讨论了收入差距扩大对犯罪供给的影响，并在扩展的犯罪时间配置模型中推导了执法支出、福利支出、失业率与城市化变量对非法劳动时间配置影响的比较静态。我们的分

① 将收入差距区分为相对距离和绝对距离，或者有些文献也称为相对收入差距和绝对收入差距，在许多收入差距文献及犯罪经济学论文中均有所体现，比如李实等(2008)、Ehrlich(1973)；另外，后者在犯罪经济学文献中典型地使用人均收入或者贫困指标加以衡量，比如，Fajnzylber等(2002)。

② 我们提供的这种解释思路，即将收入差距区分为相对差距和绝对差距，可以解释许多实证文章的困惑，即发现人均收入水平提高对犯罪率没有显著影响(Doyle et al,1999)，甚至收入水平提高，犯罪率随之上升，后者在对发展中国家的研究中尤为常见，比如，Demombynes等(2005)。

③ 本小节的部分内容已经以论文形式发表于《浙江社会科学》(2012年第1期)，特此说明。

析表明，收入差距扩大提高参与非法市场的潜在收益，同时降低犯罪的机会成本，这一方面使得已有犯罪分子在犯罪活动中配置更多时间，同时也让更多潜在犯罪分子符合进入犯罪市场的“门槛条件”，二者共同作用导致宏观犯罪率上升。然而，由于局部均衡分析框架固有的缺陷，以上分析仅仅考察了第一种犯罪率上升的传导机制，对角点解情况下的收入分布变化到宏观犯罪率之间的过渡并没有过多详细的论证。本节将引入 Chiu 和 Madden (1998)的建模思路对此作出补充，同时也在更一般化的分析框架内，对收入差距、执法威慑、福利项目以及城市化变量，影响犯罪职业选择的机制做进一步的讨论。值得指出的是，20 世纪 90 年代以来基于犯罪职业选择的建模思路在犯罪经济学的理论研究文献中受到广泛的重视（Burdett et al, 2003、2004；Huang et al，2004；Zenou，2005），也被 Chiu 和 Madden（1998）称为宏观犯罪模型。由于 Chiu 和 Madden（1998）的分析框架相对简单直观，并且扩展后可以容纳许多后续文献的分析结果，因而本节接下来的讨论将主要基于 Chiu 和 Madden（1998）的基本模型及其扩展分析。

4.2.1 犯罪职业选择的基本模型

假定社会成员的收入水平 w 均匀分布于 $[\underline{w},\overline{w}]$ 之间，$\underline{w}<\overline{w}$，存在一个连续可微的收入分布函数 F 将其一一映射到集合 $[0,1]$ 上，即 $F:[\underline{w},\overline{w}]\to[0,1]$。首先，住房市场上所有社会群体成员在相邻的两个区域选择高质量（HQ）和低质量（LQ）的两种住宅。高质量住宅供应的比例为 v 外生给定，且 $v<\frac{1}{2}$；居住高质量住宅的个体每单位剩余收入的效用为 μ（$\mu>1$），但必须支付一笔住房费用 r；居住低质量住房的个体，剩余收入为 z，对应的效用也为 z，简单起见假定低质量住房的价格为零。由于房子质量是一种外在可观察的收入信号，因而，只要高收入者的收入均值减去住房费用仍旧高于余下个体的收入均值，那么盗窃者选择侵入高质量住宅将是占优策略，所以住房市场出清条件下潜在受害人数量与高质量住房数量相等，即式(4-22)和式(4-23)。

$$m(V)-r>m(\bar{V}) \tag{4-22}$$

$$V=H \tag{4-23}$$

其中，$m(V)$ 为潜在受害者的收入均值，而 $m(\bar{V})$ 为受害者以外的个体的收入均值。

其次，盗窃犯罪市场上潜在受害者的集合为 V，盗窃分子集合为 C。如果盗窃未被逮捕，则盗窃个体从受害对象的剩余收入中得到一个较小的份额比例 ε；如果盗窃被逮捕则受到的惩罚是收入罚没为零。假定盗窃被发现的概率外生给定为 b。只考虑一期静态的情形，时间轴设定是不同个体第一步进行住房选择，接着是盗窃决策，最后为警察抓捕。另外，只讨论盗窃人数小于潜在受害者的情况，即 $\lambda(C) < \lambda(V)$，其中，$\lambda(\cdot)$ 为集合的度量。进一步假定每个住房最多只能被盗窃一次，由于盗窃分子的占优策略是入侵高质量住房，因而每个高质量住房被盗窃的概率将是 $p=\dfrac{\lambda(C)}{v}$。综合以上设定，群体中的高收入者将权衡高质量住房获得高效用，但是以一定的概率遭遇盗窃并蒙受损失；典型的低收入群体将居住低质量住房，并在进入盗窃市场获取有风险的高收入和维持合法低收入之间进行权衡。只要盗窃损失的份额 ε 较小，而高质量住房的效用放大参数 μ 低于一定的上限[①]，可以证明合理的均衡结果是高收入者占优选择为居住高质量住房，而低收入群体则选择低质量住房，只有收入低于“犯罪市场门槛条件”的低收入群体才参与盗窃。最后，住房市场出清和犯罪市场出清，选择住房决策和犯罪职业选择决策共同决定了住房的均衡价格和均衡宏观犯罪率。

具体来说，假定所有的个体均为风险中性，且存在相同的 vNM 效用函数，则一个典型的高收入个体的期望效用可以表示为：

$$U_{HQ}=\mu[(1-p)(w-r)+p(1-\varepsilon)(w-r)] \tag{4-24}$$

相应的，一个参加盗窃犯罪的低收入个体的期望效用可以表示为：

$$U_{LQ}=(1-b)[w+\varepsilon[m(V)-r]] \tag{4-25}$$

由于高收入群体居住高质量住房可以获得高效用，但是可能受到盗窃侵扰，因而，对于每个高收入个体而言，只要收入扣减住房价格后对应的效用水平超过居住低质量住房的效用，那么选择高质量住房都将占优。这样，给定住房价格为 r，高质量住房的需求为个体收入的减函数，于是，高质量住房市场上的出清条件将是，边际上收入水平最低的高收入个体居住高质量住房的满足感和居住低质量住房的满足感相等，即：

$$U_{HQ}=\mu[(1-p)(w-r)+p(1-\varepsilon)(w-r)]=w \tag{4-26}$$

式(4-26)经进一步整理可以得出边际受害者的收入与住房价格之间的关系，该式一定意义上也就是高质量住房的需求曲线。进一步对式(4-27)进行移项整理，我们可以得到给定犯罪率和效用放大系数的住房价格表达式，即式(4-28)。

---

① Chiu 和 Madden(1998)的原始模型中，对参数 ε 和 μ 有详细的讨论和规定。考虑到本部分论文的重点是利用 Chiu 和 Madden(1998)的基本分析框架，讨论收入差距和相关变量对宏观犯罪率的影响，因而对这两个参数的临界条件设定不再详细展开。与 Chiu 和 Madden(1998)类似，以下分析中我们假定所有情况下以上参数条件均可以满足。

$$w_v = \frac{r\mu(1-p\varepsilon)}{\mu(1-p\varepsilon)-1} \tag{4-27}$$

$$r = w_v \frac{1}{1-1/\mu(1-p\varepsilon)} \tag{4-28}$$

值得注意的是，式(4-28)有非常直观的经济含义：给定高收入群体的收入分布，住房对高收入群体的价值，或者高收入群体愿意支付的住房价格，和高质量住房的效用放大系数 μ 成正比和犯罪率成反比，犯罪的存在相当于住房被贬值。极端的，如果犯罪率为零，即犯罪市场的"门槛收入"甚至低于最低收入者的收入 $\underline{w}$，这时住房的均衡价格将为：

$$\bar{r} = F^{-1}(1-v)\left(\frac{\mu-1}{\mu}\right) \tag{4-29}$$

式(4-29)中，$F^{-1}(1-v)$ 为住高质量住房的最低收入者的收入水平。

类似的道理，对低收入者而言，由于权衡的是存在风险的非法高收益和稳定的正常收益，因而随着收入水平的增加，犯罪的机会成本上升，进而进入犯罪市场的激励将下降，所以，犯罪市场的参与规模是合法收入水平的减函数。于是，犯罪市场的进入退出均衡条件是，所有非法市场参与者已经实现效用最大化，同时边际上最高合法收入的犯罪分子进入非法市场可以得到的预期效用与合法市场的预期效用没有差别，即：

$$U_{LQ} = (1-b)[w+\varepsilon[m(V)-r]] = w \tag{4-30}$$

相应的，由式(4-30)可以解出处于边际上的潜在犯罪分子的最高收入水平：

$$w_c = \theta[m(V)-r] \tag{4-31}$$

其中：$\theta = \frac{\varepsilon b}{1-b}$。式(4-31)实际上也就是前一小节犯罪时间配置模型的角点解条件，即边际上进入犯罪市场的"门槛条件"是，参与犯罪市场第一个单位时间的预期犯罪收益应至少大于等于合法市场上的收益。

由于进入犯罪市场的边际个体收入水平为 w_c，因而，整个社会的犯罪数量就是所有收入低于 w_c 的个体数的加总 $F(w_c)$。这样一来，每个高质量房子被盗窃的概率则是 $p = \frac{F(w_c)}{v}$，将其代入式(4-27)，经移项整理，我们可以将满足住房市场出清条件的住房需求曲线重新表示为：

$$F(w_c) = \frac{v}{\varepsilon}\left[1-\frac{w_v}{\mu(w_v-r)}\right] \tag{4-32}$$

另外，注意到式(4-31)定义的犯罪市场进入退出均衡实际上不仅依赖于高收入群体的收入分布，同时也和住房价格间接相关。而式(4-30)则显示住房市场的均衡价格取决于均衡犯罪率的高低。因而，给定群体的收入分布 F，这个经济系统的一般均衡将是：(1)不同收入的个体在选择住房和犯罪参与时分别实现效用最大化；(2)存在住房价格 r 使得住房市场出清。技术上，这意味着，存在住房价格 r 和边际收入 w_c、w_v，使得式(4-31)和式(4-32)同时成立。直观起见，沿袭 Chiu 和 Madden(1998)的分析方法，我们将以上两个市场均衡条件描述在图 4.1 中，其中 EA 代表式(4-31)而 EB 则是式(4-32)的一个近似表达。

图 4.1 收入分布、住房市场价格与犯罪均衡

为了保证图 4.1 中的均衡解存在并且唯一，我们必须对参数做进一步的假定。简单来说，第一种极端情况是，当最低收入为 $\underline{w}$ 的个体未进入犯罪市场时，整个群体的犯罪率为零，此时住房价格最高达到式(4-29)设定的参考水平，这种情况下必须保证 EA>EB。相反，另一个极端是，所有高质量房子均遭受盗窃，那么此时犯罪市场的临界条件是：$w_c = F^{-1}(v)$，此时与前面一种情况正好相反，EA<EB。结合以上两个条件，根据式(4-31)和式(4-32)我们可以解出如下满足均衡存在并且唯一的参数条件：

$$\frac{\underline{w}}{m(V)-F^{-1}(1-v)(1-1/\mu)} < \theta < \frac{F^{-1}(v)}{m(V)-F^{-1}(1-v)[1-1/\mu]} \tag{4-33}$$

4.2.2 比较静态分析

至此，我们已经对 Chiu 和 Madden(1998)模型的基本逻辑作了简单的介绍。对比前面一节基于内点解犯罪时间配置的局部均衡模型，宏观犯罪模型的特色在于直接从收入分配开始建模，由此可以得出宏观犯罪率，而局部均衡模型只能呈现个体层面的犯罪时间配置。接下来，本节利用这个模型对收入差距扩大与犯罪率上升的关系展开讨论，同时也在此框架里面考察执法威慑、政府福利支出项目以及经济发展的城市化变量对宏观犯罪率的影响。其中，收入差距对犯罪率的影响，我们还是遵循 Chiu 和 Madden

(1998)的分析方法，而后面三个变量的分析则是对 Chiu 和 Madden(1998)模型的应用扩展。

4.2.2.1 收入差距与刑事犯罪

从以上推导不难看出宏观犯罪模型的核心是收入分布函数 F。不同收入分布将导致均衡的住房市场需求曲线和犯罪市场进出均衡线出现移动调整，进而进入犯罪市场的均衡边际收入上升或下降，相应的犯罪率也上升或下降。收入差距扩大意味着从原来的收入分布函数 F 变化到另一个收入分布函数 G；并且，相比原来的收入分配状况，新的收入分布中，高收入群体的收入均值上升，低收入群体的收入均值下降，而且居住高质量住房的最低收入者收入水平下降。以上收入分布变化意味着 EA 线向上移动到新的虚线 EA′，而 EB 线也向左下移动到新的虚线 EB′，因而均衡的犯罪市场进入的门槛收入上升为 w_{cI}^*，宏观犯罪率上升。

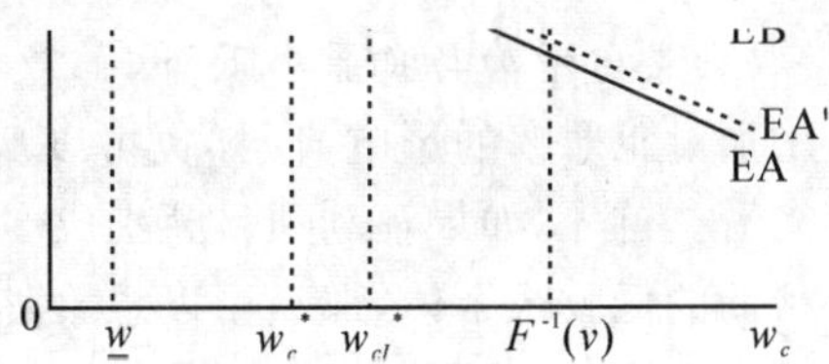

图 4.2 收入差距扩大与犯罪率上升

4.2.2.2 刑罚威慑与宏观犯罪率

在 Chiu 和 Madden(1998)的基准模型中，刑罚威慑为外生变量。为了在这个框架内讨论刑罚威慑对犯罪治理的影响，我们必须进一步假定，刑罚威慑通过影响潜在犯罪分子的预期惩罚成本而影响犯罪分子的决策，同时由于刑罚威慑必须耗费公共支出，而这种支出将通过一个新的税收加以支付。不难想象，由于刑罚威慑上升，潜在犯罪分子犯罪预期成本上升，这将威慑犯罪市场参与，这意味着图 4.3 中 EA 线向左平移或者向内转动到 EA′。由于执法支出必须从税收中得到弥补，因而，如果税收为累进性质，则税收增加对边际上的高收入者影响较小，那么 EB 线应该略微向左下移动到 EB′。此时，新的 EA′和 EB′相交，新的均衡点为 B 点，进入犯罪市场的边际收入变为 w_{cB}^*，宏观犯罪率从 $F(W_c^*)$ 下降到 $F(W_{cB}^*)$。但是，如果公共支出在执法中的产出效率较低，同时，税收又具有累退性质，那么此时 EB 线将显著下降移动到虚线 EB″，新的均衡点为 C，犯罪率反而上升到

$F(W_{cC}^{*})$，同时住房市场的均衡价格下降。这种“劣均衡”结果其实非常符合经济学的直觉，即如果公共执法效率较低，税收体制为累退性质，这不仅导致已有犯罪分子增加犯罪，同时还将吸引部分原来边际上的合法市场劳动者进入犯罪市场，这两者共同导致宏观犯罪率上升。以上推断与 Benson et al(1994)以及 Grossman(1995)的预测保持一致，即公共执法的犯罪威慑效应敏感地取决于执法生产函数的性状。

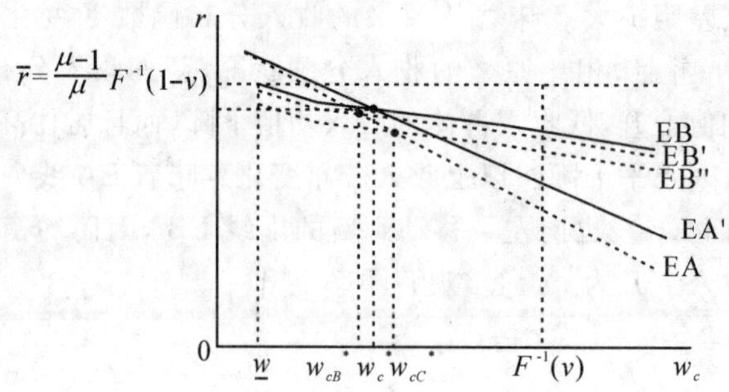

图 4.3 刑罚威慑与宏观犯罪率

4.2.2.3 福利支出增加与犯罪率下降

福利支出增加对犯罪率的影响，同样也可以从犯罪的机会成本和住房价格两个维度来看。首先，如果福利项目甄别成本较低，即福利项目可以很好地甄别需要帮助的低收入个体，那么可以想象，福利项目的支出增加相当于犯罪的预期惩罚提高，这将导致 EA 线向左下移动到新的虚线 EA′。其次，与公共执法支出类似，福利项目支出的增加，也需要通过新增加税收加以支付，这样一来福利支出增加将意味着税收上升，同样如果税收为累进性质，则有助于缓解收入分配不均，同时对住房市场上住房价格下降的影响也有限，所以此时 EB 将略微下降移动到 EB′。新的 EA′和 EB′相交，决定了新的均衡犯罪市场的边际收入为 W_{cW}^{*}，如图 4.4 所示，宏观犯罪率将下降。最后，同样需要注意的是，如果考虑福利项目的甄别成本高昂，那么和以上分析相反，一方面福利支出增加并不能明显使得 EA 线向下移动，同时税收增加又使得 EB 线显著下移，这种时候将出现 Imrohoroglu et al(2000)模型的标准结果，福利项目的甄别成本较高，那么福利支出增加犯罪率可能上升。

4.2.2.4 城市化进程与犯罪

作为发展中国家经济发展的一个重要侧面，城市化进程的加快一方面使得更多人口在城市部门的集聚，这意味着犯罪潜在收益将上升，并且，这个阶段城市和乡村的大部分人口的收入增加非常有限。所以，这种影响将

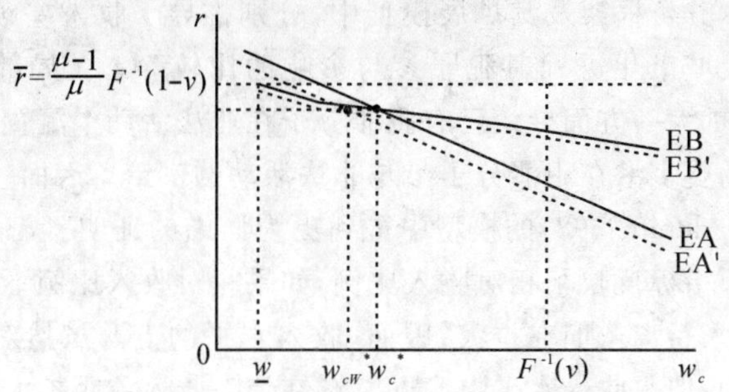

图 4.4 福利项目增加与犯罪率下降

使得图 4.5 中代表犯罪市场收益的 EA 曲线上移到 EA′，这将导致犯罪率从原来的 $F(W_c^*)$ 上升到 $F(W_{cU}^*)$，即均衡点从原来的 A 点变为 B 点。但是，另一方面，随着城市化进程的日益深化，大部分的人口开始在城市化进程中获益，低收入群体的合法收入慢慢提升，这意味着城市化进程中潜在犯罪收益的集聚效应将逐渐被合法收入上升抵消，EA 曲线向上移动幅度变小，甚至向下移动。再者，如果高质量住宅的最低收入者其收入水平也上升，那么此时 EB 线将向上移到 EB′。结合以上两个方面的影响，新的均衡将可能变成 C 点，显然此时的犯罪率相比城市化早期的 B 点均衡将有所下降。所以，城市化早期犯罪获益集聚效应占优，城市化导致犯罪率上升；而随着城市化进展的深入，低收入群体开始从城市化进程中获益，收入分配状况得到改善之后，城市化对犯罪率的影响将不再是单一的犯罪率上升效应，也可能出现城市管理水平上升而犯罪率慢慢下降。

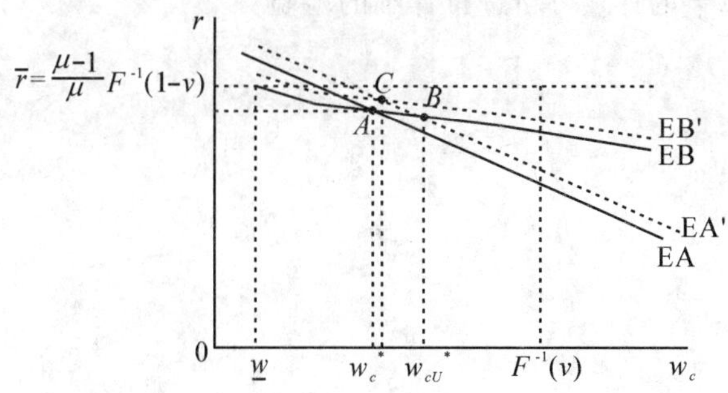

图 4.5 城市化进程与犯罪

4.3 本章小结

作为后续计量分析的基础，本章在 Ehrlich(1973)，Chiu 和 Madden

(1998)的基本分析框架及其扩展模型中，分别推导了收入差距、执法威慑、福利支出以及城市化进程对犯罪参与影响的比较静态。局部均衡分析表明，收入差距扩大一方面导致已有犯罪分子在非法活动中配置更多时间，另一方面也激励更多潜在犯罪分子参与非法活动的供给。后面一种传导机制在 Chiu 和 Madden(1998)的模型中得到更为详细的证明。需要注意的是，由于收入差距指标反映了相对收入比例，如果相对收入比例不变，收入均值上升，绝对收入距离依旧在拉大；因而，收入水平的上升虽然对参与犯罪市场有负向激励，但是收入水平上升同时存在绝对收入差距扩大的规模效应；所以，收入水平对犯罪率的影响不能确定，需要进一步的计量分析加以明确。

另外，就公共支出而言，犯罪时间配置模型的推导指出，不论是执法威慑支出，或是福利支出增加，都将增加犯罪分子的预期犯罪成本，因而将激励犯罪分子减少犯罪参与。然而，扩展的 Chiu 和 Madden(1998)模型的分析却表明，如果执法产出效率较低，福利项目的甄别成本较高，那么通过累退税收对以上项目进行支付时，都可能导致犯罪率反而上升。最后，与标准城市犯罪问题的研究不同，我们的模型分析指出，经济发展过程中的城市化进程对犯罪率的影响存在一个先加速犯罪，之后随着城市化进程不断深入，低收入群体收入逐渐改善，那么城市化对犯罪率增加的影响将部分被抵消。所以，综合起来，不仅收入差距扩大对犯罪率影响的相对收入差距效应和绝对收入差距效应，有待计量分析加以明确；同时，我国经济转型期城市化进程对犯罪率的影响存在 U 型曲线特征的假说，以及公共执法的威慑效应也都需要后续章节的计量分析进行详细的检验。

5 城市化、收入差距与刑事犯罪

——基于中国省级面板数据的实证研究

第四章在经典犯罪经济学的分析框架里，对收入差距影响犯罪参与的传导机制展开了比较静态分析；同时，在模型分析的基础上，加入具有发展中国家转型过程特色的城市化变量，对发展中国家收入差距扩大与犯罪率上升之间的联系进行了初步的理论考察。本章将从实证研究视角切入，对收入差距与犯罪参与的相关假说展开进一步的计量检验。我们关心的话题包括：第一，收入差距扩大与犯罪率上升之间的关系是否能得到中国转型期数据的支持，尤其当考虑到中国转型期刑事政策的历次变化，以及地区之间的经济文化差异，以上估计结果是否依然保持稳健。第二，正如前一章的分析指出的，快速的城市化一方面通过潜在获利机会的聚集增加了城市部门的犯罪率，另一方面城市化有利于经济增长和人均收入水平的提高，后者将导致犯罪参与减少。因而，加入城市化变量控制后，收入差距与刑事犯罪之间的关系是否有变化，城市化对犯罪率的动态变化影响又是如何，是我们关注的另一个焦点。前一个问题的探讨可以视为是传统犯罪经济学实证研究的自然延续，而后一个问题则将讨论的重点集中在发展中国家经济发展过程中，城市化进程对犯罪参与的影响。

本章结构上一共分为四节：第一节讨论计量经济分析使用的数据、模型以及计量分析策略；第二节给出收入差距与刑事犯罪的固定效应估计结果；第三节重点研究城市化对犯罪的影响，考虑到已有的城市化变量可能存在度量误差，我们先介绍 Chan 和 Hu(2003)的调整方法，对分省的城市化指标进行校订，然后在此基础上对城市化、收入差距与犯罪率上升之间的关系进行重新估计；第四节是实证研究部分的小结。

5.1 计量分析的模型、数据及研究策略[①]

理论上，犯罪理性选择模型的预测检验，比较理想的是微观个体的跟踪

---

① 本节和下一节的讨论，部分内容参考了作者之前已经发表的文章。

调查数据。但是,基于以下两个方面的考虑,Heineke(1988)认为宏观加总的犯罪率数据要优于微观数据①:首先,访谈、问卷调查得出的微观数据可能存在高度的自选择(self-selection)和测定性误差(measurement error)问题。其次,选择罪犯展开调查也难以回避样本选择(sample selection)的偏误。再者,正如 Ehrlich(1981、1996)指出的,从方法论角度看,犯罪经济学基于时间配置的犯罪理性选择框架与传统理性选择模型类似,预测的是市场和统计加总层面的调整,其核心在于指出约束条件变化将对犯罪分子的资源配置选择产生倾向性影响②。所以,和犯罪经济学实证研究的主流保持一致,本章利用中国的分省面板数据对收入差距与犯罪参与的相关假说展开检验,研究收入差距与城市化对犯罪参与的影响。

5.1.1 计量模型和分析策略

结合之前理论分析部分的讨论,本章的实证研究使用如下半对数模型,对收入差距与犯罪参与之间的数量关系展开计量分析:

$$\ln(Cr_{it}) = \alpha I_{it} + X'_{it}\beta + \delta_i + Y_t + \varepsilon_{it}, \quad i = 1,2,\cdots,N; t = 1,2,\cdots,T \tag{5-1}$$

其中,Cr_{it} 表示第 i 个省第 t 年的刑事犯罪率;I_{it} 代表第 i 个省第 t 年的居民收入差距,这是本文的核心自变量;X'_{it} 为控制变量向量,代表影响犯罪行为的其他社会经济因素,包括人均收入水平、城市化率、失业率、人口迁移率、政府福利支出以及执法支出;δ_i 为省份虚拟变量向量,控制省份固定效应;Y_t 为年份虚拟变量向量,控制年份固定效应;ε_{it} 为误差项。另外,为了检验回归结果的稳健性,我们也把 Y_t 设为时间趋势作为一项敏感性分析。

在静态面板数据分析中,一般应用固定效应模型或随机效应模型,两者的选择取决于 $cov(\delta_i, \varepsilon_{it})$ 是否显著等于零。如果 $cov(\delta_i, \varepsilon_{it})$ 显著等于零,则应用随机效应模型;反之,则选择固定效应模型。区分选择两个模型的检验为 Hausman 检验,但是正如 Lee(1996)所指出的,Hausman 检验区分第二类误差(Type II Error)的能力较差。实际上,在我们的计量分析结果中,

① 几乎所有的犯罪经济学文献,都使用宏观数据检验 Becker(1968)提出的相关假说。根据我们掌握的文献,早期研究中有限的例外包括 Witte(1980),但是这篇文章的论证也饱受样本选择问题的困扰。

② 经济学思想史上,有关微观经济学理性选择模型的方法论基础,在 20 世纪 40 年代和 50 年代曾经有过激烈的争论。这个时期的讨论涉及许多后来又不断被误解的理性选择模型的基本内核和方法论主张,感兴趣的读者可以参考阿尔钦(Alchain,1951)和弗里德曼(1953)的经典论文。而有关犯罪经济学的理性选择框架的探讨,比较有启发和参考意义的包括 Becker(1968)、Ehrlich(1973、1981、1996),以及 Ehrlich 20 世纪 70 年代有关死刑威慑论文所引发的一系列争论。

Hausman 检验统计量中的方差一协方差矩阵均不可逆。然而，无论 $cov(\delta_i, \varepsilon_{it})$ 是否等于零，固定效应模型均满足大样本渐进一致性(Wooldridge,2002)。另外，Judson 和 Owen(1996)也指出基于宏观数据的计量分析中，所选择的样本一般不大可能从一个大型匀质的总体中抽取，因而也较少能够满足随机效应模型的假定。考虑到固定效应模型比随机效应模型更具有普适性，因此本文选择固定效应模型。

对诸如(5.1)的犯罪供给模型的估计，最关键的挑战和困难主要包括犯罪率数据的测定性误差(Measurement Error)，遗漏重要变量(Ommited Variables)和刑罚威慑变量的联立内生性问题(Ehrlich,1996; Levitt 和 Miles,2004)。就中国转型期的具体情况而言，以上三个问题可能更为严重。地区之间广泛存在的经济制度和社会文化差异，意味着犯罪方程的估计，将可能受到不可观测的异质性困扰，而不同地区特异性变量可能又和收入差距变量或者犯罪供给相关。另外，20 世纪 80 年代以来刑事政策的若干次变化，以及 1992 年盗窃犯罪统计标准的变更[①]，也预示着犯罪供给在时间维度上也可能存在异质性扰动。综合起来，以上几个方面的问题都意味着，直接对犯罪供给方程展开 OLS 估计，估计的结果将可能出现偏误和不一致。

首先，就遗漏变量问题而言，除了加入更多其他经济社会变量进行控制，一方面，我们的固定效应模型利用省份虚拟变量，捕捉了不同省份沿着时间不变的特异性差异的影响；另一方面，我们也同时引入了时间固定效应，控制不同省份在时间维度上经历的异常冲击。值得指出的是，与已有关于中国犯罪问题的经济学文献相比(如，胡联合、胡鞍钢和徐绍刚，2005；白雪梅、王少谨，2006；黄少安、陈屹立，2007；王安、魏建，2009；陈刚、李树和陈屹立，2009)，这种基于固定效应模型的面板数据分析，不但可以扩大样本量以满足回归的大样本渐进性质，更重要的是同时控制省份固定效应与年份固定效应，将使得我们的估计不受时间固定和省份特定变量的影响，从而遗漏变量、测定性误差以及相应的不可观测(测量)的异质性的偏误都将得到很好的处理。必须指出的是，在最近几项有关发展中国家收入差距与犯罪率的研究中，同时控制地区和时间固定效应也受到普遍的强调和重视[②]。

---

① Liu(2006)的研究也注意到统计口径变化对犯罪率数据结构的影响。

② 最近，比较有影响的有关收入差距与犯罪率的国际比较研究，比如 Fajnzylber 等(2002)，受到的批评就是只控制了国家固定效应而忽略了时间固定效应(Gibson and Kim,2008)。事实上，Soares (2004)、Demombynes 和 Berk(2005)和 Gibson 和 Kim(2008)都指出，由于报案率与社会经济发展程度密切相关，发展中国家的样本若没有控制时间固定效应，将无法得到一致估计量。后文的结论也支持这一判断。

图 5.1、图 5.2 和图 5.3 分别描绘了，收入差距与刑事犯罪单变量回归的不同模型设定的结果。其中，散点图的不同聚集程度清楚地表明，OLS 估计存在明显的异质性偏误，而控制省份固定效应后偏误有所缓解，而图 5.3 同时控制省份和年份固定效应的估计结果则较为理想。

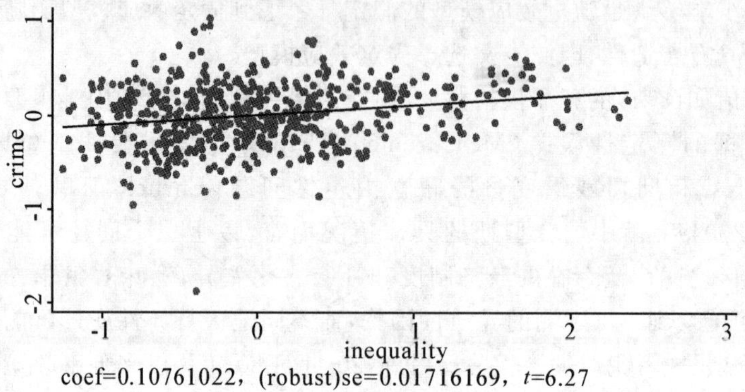

图 5.1　收入差距与刑事犯罪的单变量回归估计

注：(1)犯罪率定义为每十万人口的刑事逮捕率，收入差距为城乡收入差距，数据来源和具体变量定义参见下一小节的讨论；(2)图 5.1 中单变量回归线性趋势估计包括 27 个省 1988 年到 2007 年的混合面板数据，报告的统计值为异方差稳健的标准差和 t 值。

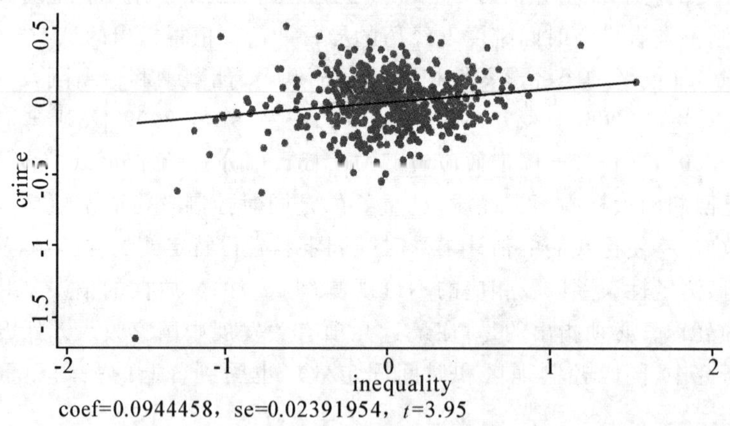

图 5.2　收入差距与刑事犯罪的地区固定效应模型

注：(1)犯罪率定义为每十万人口的刑事犯罪逮捕率，收入差距为城乡收入差距，更详细的变量定义及构造说明请参考下一小节的数据定义和描述；(2)图 5.2 为控制省份固定效应模型的估计结果，图 5.2 下方报告的是异方差稳健的标准差和 t 值。

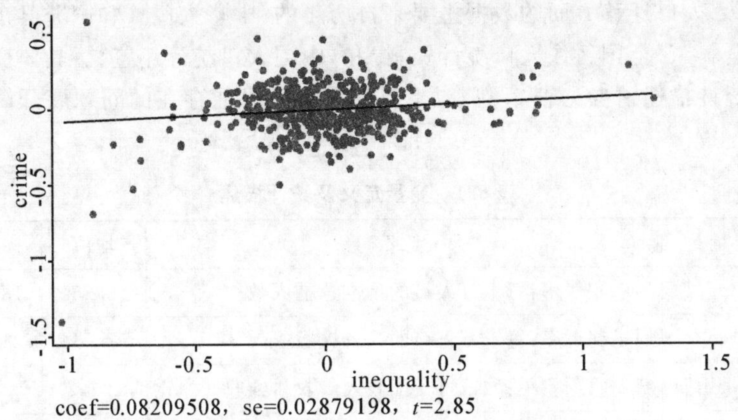

图 5.3　收入差距与刑事犯罪的双固定效应模型估计

注:(1)犯罪率和收入差距的定义和图 5.1、图 5.2 保持一致,详细构造细节同样参考下一小节的讨论;(2)以上估计包括 1988 年到 2007 年所有年份及省份固定效应控制。

其次,就刑事犯罪率可能存在的测定性误差,除了通过同时控制省份固定效应和年份固定效应部分加以缓解,我们还用刑事犯罪起诉率作为计量方程的因变量,作为一项稳健性分析。如果刑事犯罪率作为因变量与刑事起诉率作为因变量的估计结果差别较大,则说明衡量刑事犯罪活动代理变量的刑事犯罪率可能存在严重的测定性误差问题,反之,则估计结果较为稳健。最后,虽然在理论模型中执法支出的上升,将提高行为者在从事犯罪行为时被逮捕的概率,从而降低犯罪率。但是,犯罪率与执法支出存在典型的联立性问题,即高犯罪率导致高的执法支出,这样一来将可能低估犯罪威慑效应变量的估计,并且也使得估计结果变得有偏不一致(Nagin and Fisher, 1978;Levitt,1996、2002;Tella and Schargrodsky, 2004)。由于较难找到执法支出合适的工具变量,加之执法支出并不是本章计量分析的核心变量,所以本章将未包括执法支出的模型作为基准模型设定(baseline)。但是,我们同时也将执法支出纳入回归方程(5-1)中作为一项稳健性分析。

5.1.2　数据来源和变量定义

本章接下来的实证分析,将基于我国 27 个省从 1988 年到 2007 年共 540 个观测单位的分省面板数据。数据来源方面,本研究的核心变量犯罪率的定义为,每十万人口的刑事犯罪逮捕率和刑事犯罪起诉率,这两个变量数据均来自历年《中国检察年鉴》的各省、地区的检察院工作报告。其他分省的经济社会变量均来自《新中国 55 年统计资料汇编》和历年的《中国统计年鉴》。人口迁移方面的数据主要来自历年的《中华人民共和国分县市人口统计资料》、《全国暂住人口统计资料》和《中国人口统计年鉴》。具体变量定义和统计描述请参见表5.1。以下对变量构造可能存在的问题展开简要的讨论。

表5.1　变量定义及统计描述

变量	定义	均值	标准差
Crime1	刑事犯罪率:每十万人口的批准逮捕人数	56.251	18.813
Crime2	刑事起诉率:每十万人口的起诉人数	57.044	23.055
Inequality	城乡收入差距:城镇可支配收入与农村纯收入之比	2.792	.705
Income	人均实际可支配收入(基准年份=2000年)	3.270	1.817
Urban	城市化率:城镇人口占总人口的比例	31.84	11.617
Unemploy	失业率:城镇登记失业率	3.258	.999
Migration	迁移率:省际迁入人口占总人口的比例	2.483	1.748
Welfare	福利支出:福利支出占政府支出的比例	2.482	.792
Police	执法支出:政府支出中公检法支出的比例	5.543	1.430

注:(1)除了福利支出和执法支出,由于2007年财政项目统计口径变更存在不可比问题,所以这两个指标的观测值没有包括2007年,其余所有统计数据均包括全国27个省、1988年至2007年总共540个观测值;北京、上海和天津三个直辖市排除在外,重庆市包括在四川省;(2)Urban,Unemploy,Welfare,Police四个变量为百分比,而Migration为千分比。

刑事犯罪率定义为平均每十万人中被刑事逮捕的人数,包括暴力犯罪和侵财犯罪两种类型。该变量定义可能存在两点缺陷:首先,刑事犯罪率不能对暴力犯罪和侵财犯罪作出明确的区分,而暴力犯罪和侵财犯罪可能存在不同的犯罪动机;其次,作为反映实际刑事犯罪活动的代理变量,刑事犯罪率可能存在测定性误差问题(胡联合、胡鞍钢,2006),而这一问题在发展中国家可能更为严重(Soares,2004;Bakken,2005)。就中国的犯罪立案统计问题,胡联合(2006)曾表明实际报案率可能不到实际刑事犯罪发生率的50%。针对第一个问题,Fajnzylber等(2002)曾指出,暴力犯罪往往伴随着侵财的目的,因此,在计量模型中严格区分两种犯罪类型的实际意义并不大。事实上,我们第三章的统计分析结果也显示,1981年至今侵财犯罪占刑事犯罪总数的比例年均在80%以上,并且所占比例一直较为稳定,侵财犯罪和加总犯罪率的变动趋势几乎完全一致。就测定性误差而言,Levitt(1998b)认为使用报案率而不是实际刑事犯罪发生率对估计结果的影响并不大。特别是在面板数据的情形下，如果实际报案率与犯罪发生率之间的比例没有显著波动，我们仍然可以得到一致估计量(Soares，2004)。最后，为了检验测定性误差，我们也将刑事起诉率作为犯罪供给方程的因变量进行估计，如果两种犯罪率指标的估计结果较为接近，则说明我们的估计较少受到犯罪率变量测定性误差的影响。

实证研究部分中应用的收入差距定义为，城镇人均可支配收入与农村人均纯收入之比。虽然，基尼系数可能是衡量居民收入差距更为理想的指标，由于缺乏分省统一的基尼系数，我们只能选取各省城乡收入差距作为居民收入差距的代理变量。已有研究表明中国城乡收入差距的变动，可以解释(构成)全国总体居民收入差距变动的75%以上，因此，采用城乡收入差距作为省一级的总体收入差距代理变量的做法，在有关分省收入差距的研究文献中非常普遍(陆铭、陈钊，2004)。而事实上，不论基于发展中国家还是发达国家样本的收入差距与犯罪率关系的同类研究，所使用的收入差距指标也并不统一。除了基尼系数，实际用到的收入差距度量包括：人均消费支出差异(Soares，2004；Demombynes et al，2005)、收入分布的中位值和均值的差(Ehrlich，1973)、高收入组和低收入组的收入比(Kelly，2000)等。再者，值得注意的是，如前所述，我们将非法市场与合法市场的工资差异，分解对应为收入差距的相对距离和人均收入水平的绝对距离。相对收入差距不变，人均收入水平提高对犯罪时间供给产生负的收入效应和正的规模效应。因此，人均收入水平对犯罪率的影响不确定。但是，由于人均收入水平的提高对犯罪的两种效应方向相反，如果其估计出来的系数为正，那么我们可以认为人均收入水平的规模效应占优于其收入效应，从而为收入差距的绝对距离效应提供了一个下限(low bound)。

最后，由于实证研究的第一部分主要在传统犯罪经济学实证研究框架内，研究收入差距扩大对犯罪参与的影响，因而，我们将具有发展中国家特色的城市化变量的定义及可能存在的问题放在下一节讨论。这样做的好处是，一方面可以清楚地考察经典犯罪经济学假说是否可以得到中国转型期数据的支持；另一方面，通过与下一节围绕城市化变量与犯罪关系的估计结果的对比，也可以对我国转型期犯罪现象的一些“特色”有更好的理解。因而，在目前这个分析层次，就回归方程(5-1)中的其他控制变量而言，扩展的犯罪参与模型中推导的比较静态结果表明：城市化率提高了人口的相对密度，提供了更多的犯罪机会；失业率降低了行为者在合法市场上的期望收益；频繁的迁移降低了从事犯罪行为时被逮捕的概率，因此，这三个变量将对犯罪率产生正效应。反过来，政府福利支出的上升提高了行为者在合法市场上的收益率，增加了从事犯罪活动的机会成本，从而将降低犯罪参与的激励。犯罪威慑程度上升，犯罪参与激励下降；但是，犯罪率上升也将激励政府雇佣更多的执法力量，这意味着犯罪率与执法变量之间可能存在联立内生关系，所以直接估计这二者关系，犯罪威慑变量的符号并不一致。

5.2 收入差距与刑事犯罪的固定效应模型估计

之前一节讨论了实证分析部分的基本研究思路，本节将在已有讨论的基础上，对我国转型期收入差距与刑事犯罪的关系展开计量分析，并报告相关实证研究结果。鉴于第四章的理论分析曾经指出，发展中国家的城市化可能对收入差距与犯罪参与的关系产生影响，因而，本部分实证研究的基本策略是，先将分析重点集中在利用中国的分省面板数据，对收入差距与犯罪率的数量关系进行考察；后面一节通过对更为详细的城市化指标的校订，对本节的估计作出补充。

5.2.1 收入差距与刑事犯罪的 OLS 估计

和一般实证研究文献类似，我们分别做了基本 OLS 估计和固定效应模型估计并进行对比分析，OLS 估计的基本结果在表 5.2 中。为了检验收入差距对犯罪率影响的稳健性，我们采取逐步加入其他控制变量，并逐步控制年份固定效应的做法，相关结果分别在表 5.2 的相邻两列中构成对比。另外，考虑到执法支出在犯罪方程中可能是内生变量，我们在回归中分别给出了未包括和包括了执法支出的回归结果。

首先，基本的 OLS 估计发现，收入差距(Inequality)和人均收入水平(Income)对犯罪率存在显著的正效应，并且，在控制其他社会经济因素之后，其效应在 1%的置信水平上保持显著。这意味着收入水平上升导致的绝对收入差距效应超过了收入水平上升对犯罪参与负的收入效应。其他实证结果也与我们的理论模型保持一致，城市化率(Urban)和政府的福利支出(Welfare)对犯罪率也存在显著的影响；城市化水平上升犯罪率增加，而政府福利支出则降低了犯罪率。其次，正如前文所述，立案标准的变化和“严打”运动导致我国犯罪统计数据存在异常年度波动(Liu,2006)，因此，回归方程(5-1)若忽略时间效应(Yt)则可能导致有偏误的估计。值得一提的是，表 5.2 的第(1)、(3)、(5)栏和第(2)、(4)、(6)栏的对比表明，控制时间效应之后估计出来的收入差距对犯罪率的效应，都非常一致地超过应用简单 OLS 模型估计出来的结果，而控制时间效应的估计结果平均比 OLS 的估计结果要超出一半。这说明，忽略时间效应将低估收入差距对犯罪率的影响程度，这与 Gibson 和 Kim(2008)的发现一致。另外，同样值得注意的是，虽然公共执法变量(Police)的估计系数可能是受到联立内生问题的影响保持为正,但是,加入公共执法变量前后的第(3)和第(5)栏或者第(4)和第(6)栏对比来看,收入差距与刑事犯罪的估计系数和显著程度几乎没有差别。这个对比表明我们有关收入差距与刑事犯罪的估计结果较少受到执法变量联立内生性的影响。

表 5.2 收入差距与刑事犯罪的 OLS 估计(1988—2007)

VARIABLES	因变量:Ln(Crime1)					
	(1)	(2)	(3)	(4)	(5)	(6)
Inequality	0.0801***	0.132***	0.0837***	0.124***	0.0821***	0.126***
	(3.811)	(7.079)	(5.158)	(6.873)	(5.026)	(7.025)
Income	0.130***	0.134***	0.0669***	0.103***	0.0603***	0.0873***
	(20.46)	(16.05)	(6.996)	(8.244)	(4.957)	(5.894)
Urbanization			0.00901***	0.00938***	0.00914***	0.00990***
			(6.899)	(8.045)	(6.885)	(8.085)
Unemploy			0.00349	0.00237	0.00349	0.00363
			(0.331)	(0.214)	(0.328)	(0.328)
Migration			0.00353	0.00928	0.00416	0.0105
			(0.444)	(1.014)	(0.525)	(1.203)
Welfare			−0.0901***	−0.0730***	−0.0880***	−0.0711***
			(−4.140)	(−3.611)	(−4.005)	(−3.458)
Police					0.00950	0.0285**
					(0.878)	(2.241)
Constant	3.316***	3.077***	3.448***	3.082***	3.410***	2.979***
	(48.24)	(35.02)	(39.86)	(23.74)	(33.41)	(20.97)
Year Fix	No	Yes	No	Yes	No	Yes
Obs	540	540	511	511	511	511
R-squared	0.361	0.418	0.429	0.529	0.430	0.533

注:(1)括号内为经异方差调整过的稳健 t 统计值;(2)后面四栏由于估计模型中含有公共支出变量,因而并没有包括 2007 年的数据;(3) *,**,*** 分别表示在 10%、5% 和 1% 的水平上显著。

5.2.2 收入差距与刑事犯罪的双固定效应估计

虽然基本 OLS 估计中控制了时间效应，但是正如上一节的讨论指出的，忽略计量方程(5-1)中的省份固定效应同样可能导致回归的偏误，因为许多未能观察到的省份异质性可能同时与犯罪率与收入差距相关。图 5.4 给出了控制时间固定效应的收入差距与刑事犯罪率的散点图，并描绘了线性拟合的情况。对比上一节的图 5.1，控制时间效应后收入差距对刑事犯罪的影响略有提高，同时散点也相对更加集中，这个发现与表 5.2 中 OLS 的估计结果相一致。然而，通过对比图 5.2 与图 5.4 的估计结果，我们也再一次确认了，中国省份和地区之间的巨大差异使得省份固定效应在收入差距与刑事犯罪的关系估计中异常重要。因此，我们在表 5.2 估计的基础上，进一步在表 5.3 的第(1)—(4)列中控制省份固定效应，以研究收入差距对犯罪率的影响。

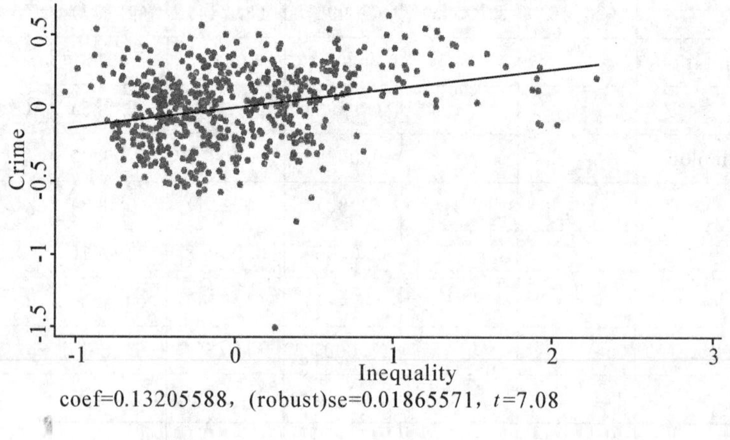

图 5.4 控制时间效应的收入差距与刑事犯罪关系的估计

注：(1)图 5.4 中的估计包括所有 27 个省、1988 年到 2007 年的收入差距与刑事犯罪数据，变量定义和说明详见表 5.1；(2)图 5.4 下方报告的是经异方差调整过的标准差和 t 值。

首先，就本节关注的核心变量收入差距来说，表 5.3 中各列的结果均与我们的理论预期保持一致。收入差距(Inequality)与人均实际收入水平(Income)前面的系数，在所有设定中始终显著为正，这意味着我国转型期相对收入差距和绝对收入差距的扩大共同导致刑事犯罪率的攀升。另外，和基本 OLS 估计的结果相比，控制了省份固定效应之后，表 5.3 第(1)—(4)列中收入差距前面的回归系数有了进一步的提高。这说明即使在控制时间效应之后，OLS 模型仍然可能低估了收入差距扩大对犯罪率上升的影响。考虑到执法支出在犯罪方程中可能是内生变量(Levitt,1997),因而,我们初步将表5.3中的第(2)列视为基准估计结果(baseline),作为本节后续计算分析的基础。再者,鉴于回归方程中的因变量(刑事犯罪率)可能存在测定性误差,在表5.3的第(5)—(7)列中,我们采用刑事起诉率作为因变量,对双侧固定效应模型估计的稳健性展开检验。在应用刑事起诉率作为因变量之后,收入差距前面的系数与表5.3第(1)—(4)列中采用刑事逮捕率作为因变量估计出来的结果,在系数大小和显著性上均并无太大的差别;并且,除了城市化和失业率变量,其他变量的显著程度和符号也和预期保持一致。因此,我们认为表5.3中的估计结果非常稳健。

表5.3 收入差距与刑事犯罪的固定效应模型估计(1988—2007)

VARIABLES	ln(Crime1)				ln(Crime2)		
	(1)	(2)	(3)	(4)	(5)	(6)	(7)
Inequality	0.0821	0.1206**	0.1025**	0.1316**	0.0931	0.1540**	0.1609***
	(1.403)	(2.216)	(2.204)	(2.418)	(1.526)	(2.555)	(2.690)
Income	0.1028***	0.1122***	0.0703***	0.0980***	0.1394***	0.1786***	0.1698***
	(9.395)	(6.860)	(4.112)	(6.111)	(7.089)	(5.609)	(5.404)
Urban		0.0017	0.0033	0.0015		−0.0047	−0.0048
		(0.784)	(1.421)	(0.736)		(−1.582)	(−1.622)
Unemploy		−0.0005	0.0184	−0.0035		0.0039	0.0020
		(−0.0416)	(1.391)	(−0.278)		(0.260)	(0.131)
Migration		0.0084	0.0020	0.0093*		0.0012	0.0018
		(1.458)	(0.450)	(1.685)		(0.130)	(0.192)
Welfare		−0.0263**	−0.0420***	−0.0261**		−0.0390***	−0.0389***
		(−2.365)	(−2.644)	(−2.331)		(−2.766)	(−2.745)
Police				0.0288**			0.0180
				(2.204)			(1.074)
Constant	3.2397***	3.1540***	5.7126	3.0621***	3.0733***	3.0788***	3.0214***
	(18.90)	(16.78)	(0.969)	(16.11)	(17.77)	(16.38)	(15.97)
Province Fix	Yes	Yes	Yes	Yes	Yes	Yes	Yes
Year Fix	Yes	Yes	No	Yes	Yes	Yes	Yes

续 表

VARIABLES	ln(Crime1)				ln(Crime2)		
	(1)	(2)	(3)	(4)	(5)	(6)	(7)
Year Trend	No	No	Yes	No	No	No	No
Observations	540	511	511	511	540	511	511
R-squared	0.4091	0.4631	0.406	0.4548	0.4411	0.3542	0.3449
Number of id	27	27	27	27	27	27	27

注:(1)括号中为经过异方差调整的稳健性 z 值;(2) *,**,*** 分别表示在 10%、5% 和 1% 的水平上显著;(3)第(1)—(4)列的因变量为刑事逮捕率的自然对数,第(5)—(7)列的因变量为刑事起诉率的自然对数;(4)倒数第二栏,固定效应模型报告的拟合优度(R-squared)为总体(overall)拟合优度。

接下来,我们根据表 5.3 中的估计结果,对我国转型期收入差距扩大对刑事犯罪率上升的影响展开定量分析。基于表 5.3 中第(2)列的回归系数,我们可以计算得出相对收入差距(Inequality)每上升 1%,将导致刑事犯罪率平均上升 0.34%[①]。这一弹性系数略高于 Fajnzylber et al(2002)基于 39 个国家的跨国面板数据所估计出来的结果(其估计弹性在 0.1 左右),低于 Kelly(2000)基于美国分县面板数据估计出来的暴力犯罪对收入差距的弹性(1.33),但高于其估计出来的侵财犯罪对收入差距的弹性(0.15)[②]。同时,根据我们理论分析部分所得出的结论,犯罪率对人均实际收入水平(Income)的弹性,为犯罪率对收入差距的绝对距离的弹性提供了一个下限(low bound)。表 5.3 第(2)列的计量分析结果表明,人均实际收入水平之前的系数为正,那么我们认为收入水平对犯罪率的规模效应(通过扩大绝对收入差距),超过了其对参与非法活动所带来的收入效应。根据表 5.3 中的估计系数,我们同样可以计算出在控制了相对收入差距之后,犯罪率对绝对收入差距弹性的下限为 0.37。于是,我国改革开放以来呈现了一个似是而非的"悖论":随着人均收入水平的提高,犯罪率反而在不断上升,这似乎意味着在我国犯罪的收入效应可能为正。然而,我们的理论和经验分析结果表明,收入水平上升导致犯罪率的上升,主要是通过其作用于拉大社会收入差距的绝对距离,而非直接通过其收入效应,表明收入水平正的规模效应大

① 由于回归模型采取了半对数形式,所以本小节关于弹性的计算,均基于自变量取值为均值(见表 5.1)。

② 值得注意的是,需要慎重的在我们估计出来的系数和已有文献估计出来的系数之间展开比较,因为 Fajnzylber 等(2002)采用基尼系数作为收入差距的代理变量,而本研究采用城乡收入差距作为收入差距的代理变量。

于其负的收入效应。

另外,结合李实(2003)的测算,由于农村部门的联产承包责任制改革,1985 年城乡收入之比(相对收入差距)相对于改革开放之初有所下降为 1.86,但是此后城乡收入差距不断扩大,到 2000 年城乡实际收入之比达到 2.46;并且,如果将城镇部门的非物质补贴计算在内,调整后的城乡收入之比高达 3.62。那么,结合表 5.3 第(2)列的弹性计算,从 1985 到 2000 年,由相对收入差距(城乡收入差距)上升导致的刑事犯罪率增加为 10.97%;而若按照调整后的数值计算,则相对收入差距上升导致的刑事犯罪率上升高达 32.17%。我们也利用 Ravallion 和 Chen(2007)报告的全国基尼系数进行了类似的测算:从 1988 年到 2000 年基尼系数从 0.3301 上升到 0.4382,这期间以基尼系数表示的相对收入差距扩大导致的犯罪率上升约为 11.01%,这可以解释刑事犯罪率上升的 18.36%[①]。值得注意的是,利用本节的相对收入差距指标——城乡收入差距进行类似核算,得出的结果是 9.70%,可以解释 16.18%的总犯罪率上升。由于两种结果较为接近,再次肯定了我们用城乡收入之比作为相对收入差距的度量存在其合理性。Bourguignon(2000)曾指出,美国每年犯罪的直接成本大约占到 GDP 的 3.8%,而拉丁美洲这个数字是 7.5%,取二者的平均值也达到可观的 5.65%。从这个角度看,收入差距扩大引发犯罪率上升,进而带来广泛的社会福利损失,在转型中国已经成为一个不容忽视的经济社会问题。

最后,根据表 5.3 中第(2)列对其他控制变量估计系数的分析可以得出,改革开放以来中国犯罪率快速上升的其他影响因素包括:快速的城市化过程、人口流动的日趋频繁以及政府福利支出的不足。其中,政府福利支出在 5%的置信水平上保持显著,并且在其他设定中的表现同样与理论预测相符。另外,快速的城市化和人口流动,虽然对犯罪率上升有影响,但是估计系数较小,而且结果并不显著。这个估计结果提醒我们,城市化指标可能系统性地低估了城市化的水平,因而,城市化对犯罪参与的影响有待进一步的分析。类似的,与已有文献不同的是,不论是基本 OLS 估计,还是表 5.3 第(2)列给出的固定效应估计结果,失业率前面的估计系数在所有的计量模型设定下均不显著,并且个别符号存在不一致。可能的原因是《中国统计年鉴》中失业率仅仅包括城镇登记的失业人口,统计数据不但把整个农村人口排除之外,而且不包括城市下岗职工,因而,失业率指标存在失真和低估问

① 为了和计量分析部分的刑事犯罪率定义一致,我们此处的分析使用的是国家层面的每十万人口的刑事起诉率。

题。而执法支出前面始终为正的系数，正好与联立性假说（Ehrlich，1973；Levitt，1997、2002）保持一致。然而，将执法支出置入回归方程之后，不论是OLS估计的结果还是双固定效应模型的估计，收入差距和人均收入两个变量前面的系数并没有显著的变化，这说明虽然执法支出可能与犯罪率直接相关，但是执法支出与收入差距两个变量之间的相关性并不显著。同时，也说明我们的估计结果较少地受到执法支出这一内生变量的影响。

5.3 城市化与刑事犯罪：一个补充估计

至此，我们已经对中国转型期收入差距与刑事犯罪的定量关系，展开了较为详细的讨论。相比OLS的估计，同时控制地区固定效应和时间固定效应模型的估计，更好地缓解了不同省份的特异性差异和时间维度上的异常冲击，所带来的估计偏误，因而，估计结果也更加稳健可信。平均而言，从1988年到2006年，相对收入差距的扩大可以解释刑事犯罪率上升的15%[①]。然而，基于以下两个方面的考虑，我们认为有必要对我国收入差距与犯罪率估计中的城市化变量进一步展开讨论。

首先，许多文献都发现，发达国家大城市的犯罪率，往往比小城市或乡村地区高很多（Freeman et al，1996；Glaeser and Sacerdote，1999；Zenou，2003、2008）。最近一次的联合国犯罪趋势调查（CTS）表明，美国、加拿大、德国、丹麦、芬兰、日本以及印度的城市抢劫犯罪率，平均是本国总抢劫犯罪率的2.22倍，如图5.5所示。城市犯罪率普遍高于乡村这一事实提醒我们，前一节有关收入差距与刑事犯罪的估计，可能系统地低估了我国经济发展过程中快速城市化对犯罪率上升的影响。

其次，正如第四章的理论分析所指出的，发展中国家的城市化进程，一方面通过农村剩余劳动力转移，缩小了城乡之间的收入差距，提高社会平均收入水平；另一方面，更多人口在城市部门的聚集，也意味着潜在犯罪收益增加，犯罪参与的激励上升。值得指出的是，后者在Freeman等（1996）、Glaeser和Sacerdote（1999）以及Zenou（2003、2005）有关城市犯罪问题的研究中受到了充分的肯定。相反，发展中国家城市化进程中独特的前一种犯罪率降低效应，即城市化所带来的收入水平上升可能导致犯罪率下降，却没有得到应有的重视和挖掘。如果这种城市化效应显著，那么和经典城市犯罪文献的预测不同，我们预期发展中国家城市化进程对犯罪率的影响应

① 计算方法同前一节。相对收入差距弹性的计算，基于表5.3第（2）列和表5.1的收入差距均值。同样，刑事犯罪率变动是利用刑事起诉率加以衡量。

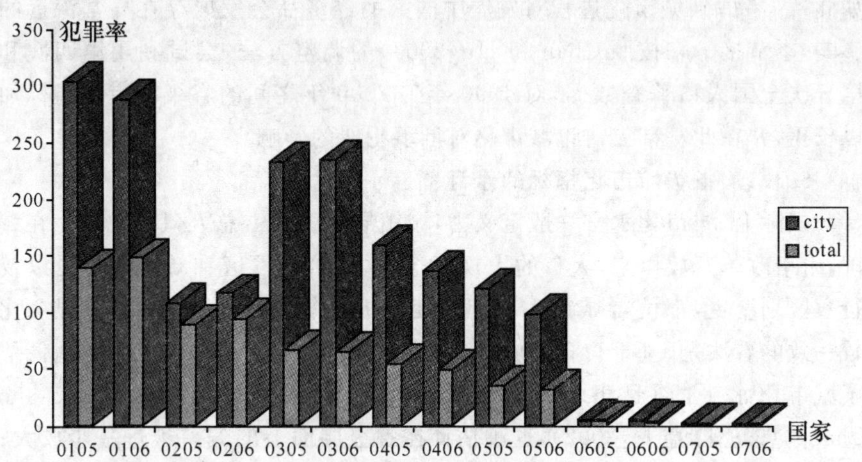

图 5.5　不同国家城市抢劫犯罪率与国家总抢劫犯罪率的比较

注：(1)数据来源：第 10 次 CTS 调查，包括 2005 年和 2006 年两年的统计数据；(2)01—美国，02—加拿大，03—德国，04—丹麦，05—芬兰，06—日本，07—印度；(3)“0105”即为美国 2005 年的数据，city 代表城市的抢劫犯罪率，total 代表国家总抢劫犯罪率。

该是先增加而后逐渐下降，即在城市化水平较低的时候，城市化的犯罪增加效应占优，而随着城市化水平上升，城市化导致人均收入水平上升的犯罪减少效应将发挥更大的作用。综合来看，以上两个问题都有待计量分析做进一步的明确。

然而，相比其他国家，对我国城市化进程及其影响展开科学细致的估计更加困难(Chan，1987、1994)。其中的症结在于，迄今为止我国国家统计局并未发布统一一致的年度城镇人口统计(Chan and Hu，2003)。并且，除了 2000 年的第五次全国人口普查的城镇人口统计口径与国际规范的人口统计标准较为接近，其余四次人口普查均不同程度地存在低估城市化程度的倾向[①](Chan，1994；Zhou and Ma，2003)。也正因为如此，在省级层面的城市化对经济社会影响的计量分析中，将基于户籍统计的非农业人口占总人口的比重作为城市化水平的代理变量，往往成为无奈的“惯例”(陆铭、陈钊，2004)。一定程度上，前一节对城市化的影响可能存在低估，部分原因也是

① 有关我国城镇人口统计制度以及历次人口普查所使用的城镇人口统计口径的细节介绍，可以参考 Chan(1984、1987、1994)的一系列文章，以及 Zhou 和 Ma(2003)的工作。

如此①。考虑到城市化进程对发展中国家的经济社会发展存在异常深远的影响，本节接下来按照 Chan 和 Hu(2003)的调整方法，尝试利用第四次和第五次全国人口普查数据，对 1990 年到 2000 年之间的省级城市化指标加以校正，并在此基础上讨论城市化对刑事犯罪的影响。

5.3.1 省级城市化指标的修订

国际上，城市化水平一般定义为，城镇居住人口占总人口的比重。在我国，由于改革开放以来，人口的大规模迁移、经济开发区和新城镇建设以及行政区划变更，都使得城镇人口统计变得极其复杂(Chan，1994)。现今比较一致的看法是，基于户籍非农业人口估计的城市化指标，不仅系统地低估了城市化水平，而且由于户籍制度控制的地区和时间差异(Chan and Zhang，1999；陆益龙，2002)，这种估计在省级层面上的偏差被进一步放大；与此不同，虽然前三次全国人口普查的城镇人口定义存在较大问题，但是，1990 年的第四次人口普查和 2000 年的第五次人口普查(以下分别简称为“四普”和“五普”)的城镇人口统计口径与国际标准却比较一致。因而这两次普查数据，被研究中国城市化的文献，广泛视为中国城市化水平的基准参考(Zhang 和 Song，2003；Zhou 和 Ma，2003)。

Chan 和 Hu(2003)对 90 年代国家级城市化水平序列的调整，也是基于“四普”和“五普”的调查数据。与国家统计局(2002)借助“四普”、“五普”及 1995 年 1%的抽样人口调查数据，并假定 1995 年前后两个阶段城镇人口保持线性增长的做法不同，Chan 和 Hu(2003)调整方法的核心是联合国有关城市人口与乡村人口不平衡增长公式(URGD，Urban-Rural Growth Difference)(以下简称联合国方法，或缩写为 UN)。方法论上，联合国方法和国家统计局(NBS)调整方法最大的差异在于将城镇人口比例增长假定为符合一个 logistic 曲线型。技术上，Chan 和 Hu(2003)的调整分三步进行：第一步将“四普”和“五普”的城镇人口比重，分别代入 UN 的 URGD 公式，计算出中间年份的城市化水平；第二步应用同样的 UN 方法，利用 1990 年和 2000 年的非农业人口比重，分别推算中间年份的非农业人口数，并将其与实际非农业人口数进行比较，在此基础上得出一个调整系数；最后利用调整系数对第一步估计的城市化水平加以调整。

① 虽然，《新中国 55 年统计资料汇编》中人口状况构成统计表，已经区分为城镇人口和乡村人口；但是，我们注意到一些省份的城镇人口统计仍旧基于户籍数据。由于经济社会条件的剧烈变迁，基于非农业户口统计的城镇户口，显著地低估了我国的城市化水平，并且，这种低估随着经济的发展显得越发严重。

具体说来，一个典型的 UN 方法的 URGD 公式可以表示为：

$$\text{URGD} = \ln \frac{PU(2)/[1-PU(2)]}{PU(1)/[1-PU(1)]}/n$$

$$\frac{PU(t)}{1-PU(t)} = \frac{PU(1)}{1-PU(1)} * e^{\text{URGD} * t}$$

其中，$PU(1)$ 是第一次人口普查（"四普"）的城镇人口比重，$PU(2)$ 为第二次普查（"五普"）中城镇人口的比重，$PU(t)$ 则是估计出来的第 t 年的城镇人口比重。重复同样的步骤，将 1990 年的户籍非农业人口比重和 2000 年的户籍非农业人口代入，就可以得到每一个中间年度的预测非农业人口数（UN-nonagri）。于是，Chan 和 Hu（2003）的调整系数 C 可以表示为：

$$C = \frac{\text{HK-nonagri}}{\text{UN-nonagri}}$$

其中，HK-nonagri 是历年户籍统计中的非农业人口数。最后，调整过的城市化水平或城市人口比重（CUN-Urban）就是：

$$\text{CUN-Urban} = C * PU(t)$$

和基本 UN 公式相比，经过调整得到的城镇人口比率序列不仅包含城乡增长不平衡公式（URGD）的信息，同时还反映户籍非农业人口波动因素。鉴于联合国城乡增长不平衡公式，在我国城镇人口推算上的合理性，已经得到已有文献的充分肯定（Chen and Ha，2003；Zhou and Ma，2003），本节接下来沿着 Chan 和 Hu（2003）的调整思路，对两次人口普查之间的省级城市化水平进行测算。但是，为了体现 Chan 和 Hu（2003）调整系数的影响，我们同时报告了 UN 方法计算的城市化指标和经系数调整后的指标。图 5.6 分别绘制了由 UN 公式计算，调整后的 UN 方法（以下简称为 CUN），以及基于户籍非农业人口测算的 1996 年分省城市化水平。首先，相比 UN 方法，调整后的 CUN 城市化水平序列与 UN 序列均相对接近，但是由于加入非农业人口比例波动信息，这种城市化水平的变数被略微放大。另外，HK（非农业人口比重）序列和 UN 序列一个简单对比也表明，前者不仅大幅度地低估了地区的城市化水平，同时，分省城市化水平的差异也受到相当程度的扭曲。例如，按照非农业人口计算，1996 年浙江省的城市化水平还未超过 20，低于全国平均水平。

表 5.4 报告了 UN 公式计算的分省城市化变量，经过 Chan 和 Hu（2003）调整的结果，以及前一节回归估计中所使用的城市化指标的统计描述。和之前基于 1996 年城市化信息的观察一致，加入非农业人口的变动信息后，Chan 和 Hu（2003）的调整不论从组间还是组内标准差看，都放大了

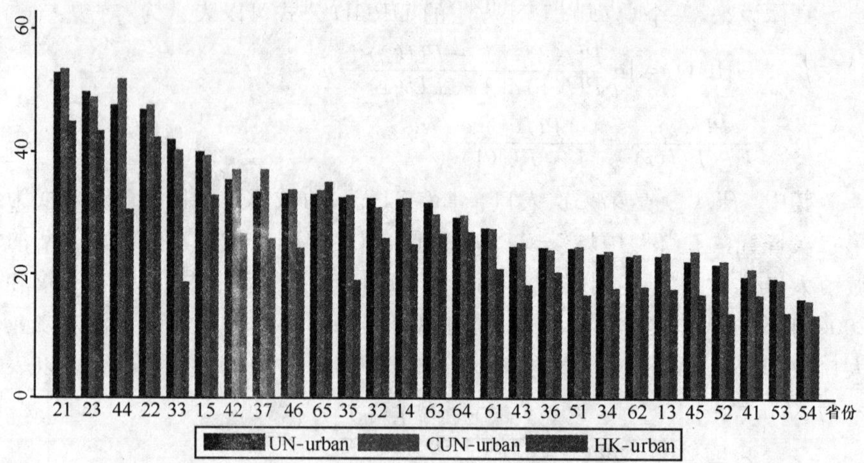

图 5.6 Chen 和 Hu(2003)调整后的 1996 年分省城市化水平

注:(1)三个柱形从左到右依次是 UN 公式直接计算的城市化率(UN-urban)、Chan 和 Hu(2003)方法调整过的城市化率(CUN-urban)和户籍非农业人口计算的城市化水平(HK-urban);(2)21—辽宁,23—黑龙江,44—广东,22—吉林,33—浙江,15—内蒙古,43—湖北,37—山东,46—海南,65—新疆,35—福建,32—江苏,14—山西,63—青海,64—宁夏,61—陕西,43—湖南,36—江西,51—四川,34—安徽,62—甘肃,13—河北,45—广西,52—贵州,41—河南,53—云南,54—西藏。

UN 计算方法的省份和年份变动,但是由于非农业人口变动总体幅度较小,因而,Chan 和 Hu(2003)的调整系数较小,所以,后面两个指标实际上较为接近。相比前一节所使用的城市化指标,最大值和最小值并无多少差别,但是调整后的指标均值和标准差都变大,这再次提醒我们之前对城市化水平影响的估计确实可能存在低估。

表 5.4 UN 方法及 Chan 和 Hu(2003)调整后的城市化指标

变量		均值	标准差	最小值	最大值	观测值
Urban	总体	28.57937	10.55795	13.95882	54.89962	$N=297$
	组间		10.21287	16.18637	52.50632	$n=27$
	组内		3.269768	16.45498	41.92876	$T=11$
$Urban_{UN}$	总体	30.4086	10.2453	12.59	55	$N=297$
	组间		9.846164	15.60232	52.55175	$n=27$
	组内		3.360709	20.84424	41.09425	$T=11$

续 表

变量		均值	标准差	最小值	最大值	观测值
$Urban_{CUN}$	总体	30.47115	10.38887	12.59	55	$N=297$
	组间		9.962004	15.35409	52.85795	$n=27$
	组内		3.469835	19.19043	42.55189	$T=11$

注：Urban为前一节回归估计中使用的城市化指标，其定义为城镇人口的比重。

数据来源是：《新中国55年统计资料汇编》中的城镇人口；$Urban_{UN}$为利用四普和五普的调查数据，按照联合国URGD公式计算的城市化指标，$Urban_{CUN}$为经过Chan和Hu(2003)调整的UN方法计算的结果。

5.3.2 基于调整后的城市化指标的估计

前面一节对已有城市化指标可能存在的问题，以及Chan和Hu(2003)的调整思路做了简单的介绍，并对修订后的城市化指标展开了统计描述。本节利用调整后的城市化指标，对我国转型期收入差距与刑事犯罪的关系进行重新估计。在详细报告调整估计结果之前，有两点需要进一步说明。首先，由于之前理论分析部分提到发展中国家的城市化进程一方面提高了人均收入水平，进而降低了犯罪；另一方面更多人口在城市部门的聚集，又对犯罪参与有正的激励，随着城市化水平的上升，前一种效应将逐渐产生影响。因而，我们在犯罪供给方程中加入城市化变量的二次项以反映以上调整。并且，我们预期城市化水平的一次项系数为正，二次项系数为负。其次，1988年和1989年的城市化数据直接引用原有的城市化数据，而2001年到2004年之间的城市化水平数据，我们利用历年1%的人口抽样调查中的乡村人口数加以推算。2005年之后，《中国统计年鉴》的分省人口构成开始报告城镇人口数，我们也直接引用国家统计局公布的这部分数据。对比2000年全国人口普查和2001年到2003年之间的1%人口抽样调查的数据，我们发现除了个别省份抽样调查数据的推算可能有偏差（如西藏），2000年之后统计局官方公布的城镇人口数据质量、一致性都有显著改善，基本都在合理可接受的范围之内。

和之前一节的做法类似，具体估计策略同样是遵循从一般到特殊的基本原则。我们先在第三节的估计框架里面，加入城市化变量的二次项，观察估计结果的变化。进而，利用Chan和Hu(2003)方法调整过的城市化指标重复以上估计。如果UN公式计算的城市化指标与Chan和Hu(2003)调整后的估计结果较为接近，则说明我们的城市化指标调整比较稳健合理。具体估计结果分别报告在表5.5和表5.6中。

表 5.5 城市化、城乡收入差距与刑事犯罪率的固定效应估计

VARIABLES	ln(Crime1)				ln(Crime2)
	(1)	(2)	(3)	(4)	(5)
Inequality	0.0978**	0.0919**	0.0933**	0.1357**	0.1759***
	(2.306)	(2.178)	(2.301)	(2.40)	(2.81)
Income	0.0672***	0.0550***	0.0682***	0.1274***	0.2008***
	(4.085)	(3.356)	(4.156)	(7.79)	(5.68)
Urban	0.0033	0.0031	0.0132*	0.0187**	0.0201**
	(1.429)	(1.365)	(1.786)	(2.42)	(2.19)
Unemploy	0.0178	0.0148	0.0148	−0.0037	−0.0008
	(1.383)	(1.137)	(1.164)	(−0.237)	(0.05)
Migration	0.0019	0.0031	0.0051	0.0096	0.0028
	(0.447)	(0.752)	(0.317)	(1.64)	(0.31)
Welfare	−0.0415***	−0.0335**	−0.0372**	−0.0172*	−0.0258**
	(−2.627)	(−2.247)	(−2.357)	(−1.70)	(−2.11)
Police		0.0211**			
		(2.238)			
Urbansq			−0.0001	−0.0003**	−0.0004***
			(−1.549)	(−2.46)	(−2.71)
Constant	3.4228***	3.3529***	3.2786***	2.8334***	2.6118***
	(25.83)	(24.37)	(16.84)	(10.20)	(8.860)
Province Fix	Yes	Yes	Yes	Yes	Yes
Year Fix	No	No	No	Yes	Yes
Observations	511	511	511	511	511
R−squared	0.3883	0.3806	0.3832	0.4539	0.3427
Number of id	27	27	27	27	27

注：(1)括号内为经异方差调整过的稳健 t 统计值；(2) *，* *，* * * 表示在 10%、5% 和 1%的水平上显著；(3)固定效应模型报告的 R 平方为方程总体(overall)的拟合优度。

表 5.5 的第(1)列到第(3)列分别报告了控制省份固定效应的估计结

果，第(4)列和第(5)列对年份固定效应进一步做了控制；并且，同样为了检验犯罪率变量可能存在的度量误差，第(5)列的估计中我们用刑事起诉率代替刑事逮捕率作为原回归方程的因变量。首先，和我们的预期一致，相比表 5.3同时控制省份固定效应和年份固定效应，表 5.5 中前三列收入差距前面的系数都略有缩小，这个结果再次提醒我们忽略时间维度的特异性冲击，将导致低估收入差距对刑事犯罪的影响。其次，就城市化变量而言，表 5.5 中的两个对比尤其值得我们注意。第(1)列和第(3)列的对比显示，加入城市化变量的二次项后，虽然相对收入差距和绝对收入差距前面的系数几乎不受影响，但是城市化变量的系数变大了 4 倍，并且在 10%的置信水平上保持显著。而从第(3)列到第(4)列，加入时间固定效应的控制后，城市化变量的一次项系数有了进一步的提高，而且一次项和二次项系数符号均与预期一致，在 5%的置信水平上均保持显著。以上两个对比说明，遗漏城市化变量的二次项将导致城市化的一阶效应被低估，并且无法识别城市化对犯罪率影响的动态变化，而和之前的发现类似忽略年份固定效应，同样也将低估城市化变量的影响。如前所述，城市化变量可能还存在测定性误差问题，表 5.6 进一步报告了城市化指标调整后的估计结果。

表 5.6 城市化、城乡收入差距与刑事犯罪的调整估计

VARIABLES	ln(Crime1)					
	(1)	(2)	(3)	(4)	(5)	(6)
Inequality	0.1550***	0.1595***	0.1596***	0.1631***	0.1587***	0.1620***
	(2.774)	(2.844)	(2.834)	(2.885)	(2.824)	(2.861)
$Income_{un}$	0.1189***	0.1088***	0.1544***	0.144***		
	(7.988)	(6.728)	(8.339)	(7.092)		
$Urban_{un}$	0.0063***	0.0066***	0.0182***	0.0180***		
	(2.596)	(2.735)	(3.274)	(3.214)		
$Income_{cun}$					0.1104***	0.1376***
					(6.863)	(6.81)
$Urban_{cun}$					0.0059**	0.0149***
					(2.54)	(2.64)
Unemploy	−0.0052	−0.0067	−0.0060	−0.0072	−0.0076	−0.0079
	(−0.428)	(−0.553)	(−0.497)	(−0.594)	(−0.625)	(−0.656)

续 表

VARIABLES	ln(Crime1)					
	(1)	(2)	(3)	(4)	(5)	(6)
Migration	0.0061	0.0067	0.0073	0.0077	0.0066	0.0073
	(1.294)	(1.436)	(1.401)	(1.509)	(1.398)	(1.460)
Welfare	−0.0182*	−0.0181*	−0.0118	−0.0119	−0.0184*	−0.0135
	(−1.838)	(−1.813)	(−1.187)	(−1.200)	(−1.840)	(−1.371)
Police		0.0153		0.0124	0.0155	0.0136
		(1.226)		(0.990)	(1.246)	(1.081)
$Urbansq_{un}$			−0.0002***	−0.0002**		
			(−2.659)	(−2.508)		
$Urbansq_{cun}$						−0.0002*
						(−1.915)
Constant	2.7722***	2.7106***	2.5300***	2.4902***	2.7227***	2.5473***
	(16.83)	(15.66)	(12.99)	(12.53)	(15.87)	(12.80)
Province Fix	Yes	Yes	Yes	Yes	Yes	Yes
Year Fix	Yes	Yes	Yes	Yes	Yes	Yes
Observations	511	511	511	511	511	511
R−squared	0.4609	0.4661	0.4166	0.4223	0.4584	0.4269

注：(1)括号内为经异方差调整过的稳健 t 统计值；(2) *，**，*** 表示在 10%、5% 和 1% 的水平上显著；(3)下标“un”代表 UN 公式计算的城市化水平及对应的收入水平变量，类似的下标“cun”则是 Chan 和 Hu(2003)方法调整过的 UN 方法的城市化水平及相应的收入水平变量。

表 5.6 第(1)列、第(2)列和第(5)列分别报告了不包含城市化变量的二次项，但包括城市化指标调整后的估计结果。而第(3)列、第(4)列和第(6)列分别是包含 UN 方法计算的城市化变量($Urban_{un}$)、经过 Chan 和 Hu(2003)方法调整得出的城市化变量($Urban_{cun}$)及相应二次项的估计结果。首先，和预期一致，对比表 5.3 和表 5.6，不包含二次项的估计中，城市化变量前面的系数，从原来的 0.0017 上升到 0.0063 和 0.0059，数值上增大了 3 倍，并且从原来的不显著变得在 1% 的置信水平上保持显著。这个对比说明，未包含城市化变量的二次项，城市化变量的测量误差的存在，导致城市化对犯罪的影响被显著低估。另外，对比加入二次项前后城市化变量系数

的变化，也可以进一步显示测量误差的影响。和表5.5相比，在包含调整后的二次项的估计中，城市化水平的系数虽然没有显著的上升，从表5.6第(6)列看甚至略有降低；但是，同样是同时控制省份固定效应和年份固定效应，对比未调整之前的城市化变量估计，在加入城市化变量的二次项后，城市化变量前面的系数从表5.3第(2)列的0.0017上升到表5.5第(5)列的0.0179，数值增大了将近10倍；而调整之后包含二次项和未包含二次项的城市化系数，则分别从表5.6第(1)列的0.0063上升到第(3)列的0.0182或者第(6)列的0.0149，数值仅变大了两倍多。

以上对比清楚地说明了：第一，城市化变量测定性误差的存在，确实显著低估了城市化对犯罪率的影响；第二，由于城市化进程对犯罪率的影响存在非线性因素，城市化水平较低时增加犯罪率，而城市化水平达到一定程度后，对犯罪率增加的影响慢慢下降，因而，遗漏城市化变量的二次项，将同样导致城市化对犯罪率影响的一阶效应被显著低估；第三，更重要的是，遗漏城市化变量的二次项，将不能很好地理解发展中国家城市化进程与犯罪率关系的动态变化；而三个不同的城市化变量指标的估计均支持这个结果，这意味着基于发展中国家样本的犯罪供给模型的估计，遗漏城市化的二次项，将很可能导致估计结果有偏误；第四，由于存在非线性因素，即使同时控制省份固定效应和年份固定效应，城市化变量度量误差所导致的低估有很大的缓解，但无法完全消除；相应的，和之前的判断保持一致，如果犯罪供给方程已经包含了二次项变量，那么同时控制两种固定效应确实可以最大限度地缓解了测定性误差所造成的影响。

为了更清楚地显示城市化水平对犯罪率的动态影响，图5.7绘制了基于表5.6第(1)列估计的城市化变量的ACPR(残差成分构成)图。图中清晰地刻画了我国转型期城市化水平较低时，城市化水平的提高使得犯罪率上升，但是城市化水平到达50及以上的时候，城市化水平上升对犯罪参与的激励开始变负。必须指出的是，以上估计本质上与Glaeser和Sacerdote(1999)的发现并不矛盾。结合中国转型期城市发展的实际情况，我们发现城市化水平上升对犯罪率上升的影响，存在一个先增加后减小的过程，这可能仅仅意味着，控制城市化中的犯罪获利水平(如收入差距)等变量之后，如果城市化速度加快的进程中，相应的城市管理水平提高，城市化聚集的流动人口慢慢被当地劳动力市场消化，或者劳动力市场对后来人口的歧视性因素减少，合法劳动市场上工作条件的改善，则城市化聚集的流动人口的犯罪率倾向将下降。而且，我们的估计确实还发现，城市化进程的加快，同时也放大了收入差距对犯罪的影响，这一点与Glaeser和Sacerdote(1999)主张的城市犯罪率上升的一大原因是潜在获利水平提高非常一致。所以在这个意义上，我们对我国转型期刑事犯罪率上升中的城市化因素的分析，是对已有城市犯罪问题研究文献的补充和发展。

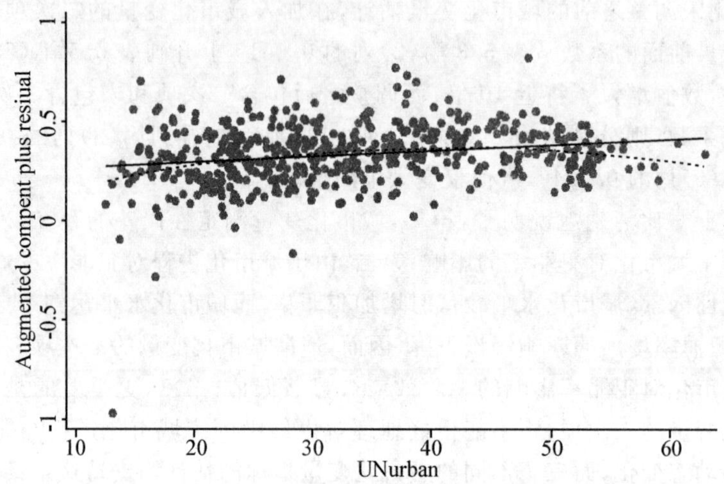

图 5.7　城市化变量($Urban_{un}$)的 ACPR 图形分析

注：(1)以上 ACPR 图形分析基于表 5.6 第(1)列的估计；(2) UNurban 是按照 UN 方法计算得出的城市化变量。

最后，表 5.6 其他控制变量的估计结果与之前报告的表 5.3 基本一致，所以不再展开。另外，值得注意的是，相比表 5.3 的估计，表 5.6 中相对收入差距(Inequality)和收入水平(Income)前面的系数符号和显著性均非常一致，但是数值大小均略有提高。这个发现和近年我国城乡收入差距的相关研究保持一致，即城市倾向的城市化政策，使得城乡之间的收入差距反而上升，但是城市化进程加快确实有利于经济社会发展和居民福利的改善(陆铭、陈钊，2004；李实、史泰丽和古斯塔夫森，2008)。用类似的核算方法，表 5.6第(3)列的估计结果表明，相对收入差距对犯罪率的弹性平均为 0.45。虽然城市化进程加快后，人均收入水平有所上升，但是这也意味着保持相对收入差距不变，绝对收入差距被拉大，所以，目前这个阶段收入水平上升对犯罪参与的规模效应仍旧超过了收入效应，以上估计为绝对收入差距效应提供了一个下限。

5.4　本章小结

前面两节在第四章理论分析的基础上，利用我国 1988 年到 2007 年的分省面板数据，对收入差距与转型期刑事犯罪率上升的因果关系展开了计量分析。我们的估计结果显示，我国转型期相对收入差距和绝对收入差距的扩大，共同导致刑事犯罪率的显著上升。由于历次“严打”运动、1992年的盗窃犯罪立案统计口径变更，以及中国分省之间广泛存在的经济社会条件差异，不论单独控制省份固定效应，还是年份固定效应，都将导致对收入差距影响犯罪参与关系被显著低估。而同时控制省份固定效应和年份固定效应，将可以很大程度上缓解犯罪供给函数估计中，可能存在的遗漏变量、测定性误差所带来的偏误。平均来说，相对收入差距每上升1%，将导致刑事犯罪率上升0.34%到0.45%，而绝对收入差距对犯罪率的弹性则至少为0.37到0.52。以上估计在不同的方程设定中均保持稳健，也较少受到刑事威慑变量内生性问题的影响。

进一步，我们的分析还揭示了一个发展中国家经济发展过程中，城市化、城乡收入差距与刑事犯罪的动态演变路径。一方面城乡收入差距的广泛存在，吸引越来越多的人口在地区之间和城乡之间迁移，潜在犯罪获利机会在城市部门的聚集，激发了更多的犯罪参与；而另一方面，随着城市化进程的加快，人均收入水平逐渐提高，城市化的外来人口慢慢被本地劳动力市场吸收，这将降低城市部门人口的犯罪倾向。前一节的估计表明，即便同时控制了省份固定效应和年份固定效应，忽略城市化进程中的第二种效应，不仅导致对城市化、对犯罪参与影响效应的低估，并且也无法更好地认识发展中国家经济转型过程中，城市化进程对犯罪率变化的动态影响。大体上，城市化水平低于50%时，城市化的前一种效应占优，而城市化水平超过50%之后，城市化的后一种效应使得犯罪率开始慢慢下降。并且，三种城市化指标的估计都支持以上发现，这意味着基于发展中国家样本的犯罪供给函数的估计，将必须考虑城市化变量的二次项影响，否则很可能导致估计结果有偏误。

6 收入差距、执法威慑与刑事犯罪：协整分析

前面一章利用中国分省面板数据，对收入差距与刑事犯罪之间的关系展开了详细的计量分析。我们的估计结果表明，收入差距扩大是转型期犯罪率上升的重要原因；并且，由于犯罪供给函数中存在不可观测的异质性因素，所以不论忽略省份还是年份固定效应，都将导致收入差距对犯罪率的影响被低估。另外，与城市犯罪问题研究的文献存在一定差异的是，我们发现我国经济发展过程中城市化进程对犯罪率的影响呈现出一个倒 U 型曲线形状。城市化程度较低时，潜在获利水平的集聚增加犯罪参与；而随着城市化水平的上升、收入水平的增加和城市劳动力市场状况的改善，都有利于犯罪率的下降。本章利用我国国家层级的时间序列数据，对转型期收入差距与刑事犯罪的定量关系展开进一步的讨论。这样做的必要性，体现在以下两个方面。

首先，虽然 Fajnzylber 等(2002)曾断言，由于暴力犯罪往往伴随侵财目的，因而实证研究中严格区分这两种犯罪类型意义有限；但是，许多定量研究都发现，暴力犯罪和侵财犯罪对激励的反应存在差异(Levitt，1996；Marvell and Moody，1996；Levitt，1997，Kelly，2000)。因而，利用国家层级分类别的犯罪率数据对收入差距与不同刑事犯罪种类的关系展开估计，是对已有省级面板数据研究的重要补充。其次，Marvell 和 Moody(1996)、Corman 和 Mocan (2000)以及 Saridakis(2004)的研究都指出，基于时间序列的研究通过滞后项设定和格兰杰因果检验等方法，可以对执法威慑的内生性及相关因果关系进行处理，并且也可以由此讨论犯罪供给与激励变量的短期和长期弹性差异。沿着类似的研究思路，我们试图利用我国国家层级的时间序列数据，对收入差距、执法威慑对犯罪参与的长短期不同影响展开讨论。需要注意的是，经济社会变量与执法威慑变量对犯罪参与的长短期差异性影响对犯罪治理的公共政策有着截然不同的政策内涵。当然必须

始终强调的是，和所有的时间序列研究类似[①]，由于样本量限制，所以和前面一章的分析策略不同，我们控制的变量数较少，更多只是利用时间序列的研究方法，在诸如内生性和长短期效应差异方面，对已有面板数据的研究作一个尝试性的补充。

本章的基本结构如下：第一节考察国家层级时间序列变量的变动趋势，并对国家层面犯罪率变动的特征性事实加以描绘；第二节介绍本章所使用的研究方法，并对时间序列的平稳性展开检验；第三节报告估计结果；第四节是本章讨论的总结。

6.1 收入差距与刑事犯罪率变化的典型事实

由于第三章我国转型期收入差距与刑事犯罪的特征性事实描述中，已经部分涉及国家层级的刑事犯罪率的变动情况，因而，本节主要从时间序列研究方法的角度，对收入差距、执法威慑与刑事犯罪的相关时间序列演变趋势做一个简单的介绍。本章实证研究选取的样本是我国1981年到2007年之间的时间序列。由于时间序列较短，和犯罪经济学时间序列方面的研究保持一致，我们的犯罪供给函数中只包括收入差距和破案率两个变量。前者表征经济社会条件变化对犯罪参与的影响，是本节的核心变量；后者体现公共执法对刑事犯罪的威慑程度，是犯罪经济学研究的又一重要主题。以下分别对不同类型的刑事犯罪、收入差距和破案率序列的定义，以及可能存在的问题展开讨论，并结合图形对时间序列的走势做一个初步考察。

首先，国家层面的刑事犯罪率构造方面，我们利用公安部门历年发布的刑事立案数除以相应的人口数，得到每十万人口的犯罪率。和前一章计量分析中所使用的省级刑事犯罪率构造相比，国家层面的刑事犯罪率的优势不仅体现在不同犯罪种类之间存在区分，而且刑事立案数既包括犯罪逮捕数也包括未逮捕数，因而更加接近社会治安的真实状况。另外，遵循犯罪经济学研究的惯例，我们分别计算分犯罪类型的犯罪率数据，同时也将杀人犯罪、伤害犯罪与强奸犯罪的数据加总作为暴力犯罪的指标，而侵财犯罪(Property Crime)则由抢劫犯罪、盗窃犯罪和诈骗犯罪构成。根据经典犯罪经济学的预测，犯罪程度越严重，对激励约束条件变化的反应一般越不敏感；类似的，相比暴力犯罪，侵财犯罪对犯罪威慑和经济社会条件变量的弹性都相对更大。

---

① 唯一的例外可能是Corman和Mocan(2000)的研究。他们利用纽约市近30年的月度数据，样本量大大超过一般的时间序列研究。

和几乎所有犯罪时间序列方面的研究碰到的困难类似，比如，Britt(1994)、Scorcu 和 Cellini(1998)、Lee(1999)以及 Saridakis(2004)，长期时间演进中不同国家的刑事犯罪立案标准都不可避免有所调整，相应地从短期研究视角看刑事犯罪统计数据将出现前后不一致问题。我国 1984 年和 1992 年分别对盗窃犯罪和诈骗犯罪的立案标准做了修订，而第二次调整对犯罪率数据统计的影响尤其明显。尽管理论上可以利用 Perron 方法检验时间序列数据的结构问题，或者采纳 Liu(2006)的研究思路对 1992 年之后的盗窃犯罪率进行校正①；但是，考虑到时间序列较短，结构性检验的意义有限，有效性也堪舆，并且从长期视角来看盗窃犯罪立案标准的调整，本身就反映经济社会条件的变迁，所以和大多数时间序列方面的研究保持一致，我们并没有对刑事犯罪序列进行调整或校正。同时，为了尽量避免立案标准变更的影响，除了构建侵财犯罪序列，我们也将盗窃犯罪和诈骗犯罪序列独立出来估计；并且，为了检验立案标准变化对估计结果可能产生的影响，我们在稳健性检验部分加入一个虚拟变量以反映这种调整。

最后，许多研究都指出，强奸犯罪的报案率一般较低，而且在不同时间点和地区报案率存在显著差别(Saridakis，2004)，因而，本节接下来的分犯罪种类讨论中并不包括强奸犯罪。综合起来，以下将要涉及的刑事犯罪序列包括：总刑事犯罪率(Crime)、杀人犯罪率(Homicide)、伤害犯罪率(Assault)、暴力犯罪率(Ag-Person)、抢劫犯罪率(Rob)、侵财犯罪率(Property Crime)、盗窃犯罪率(Theft)和诈骗犯罪率(Fraud)。不同刑事犯罪序列的变动趋势如下图 6.1 所示。承接前面一章的研究思路，我们主要讨论的话题包括：收入差距对不同类型的犯罪的影响是否存在差异，这种差别在短期和长期的表现又是如何；在考虑刑事威慑变量的内生性问题以及犯罪率变量的测定性误差之后，收入差距与刑事犯罪的长短期关系是否稳健。

总体上看，图 6.1 中 8 个刑事犯罪序列均没有显示出明显的时间趋势。而我国转型期刑事犯罪率的急剧上升，在不同犯罪序列的增长趋势中再次得到了肯定。除了 80 年代的“严打”运动期间犯罪率短时间下降，之后大约从 1988 年开始，几乎所有刑事犯罪序列都在持续攀升；其中，整个 80 年代抢劫犯罪率上升了 3 倍，90 年代的抢劫犯罪率虽然只上升了 4 倍，但是相

---

① Liu(2006)对 1992 年之后盗窃犯罪率的调整方法实质上是假定 1992 年之后的盗窃犯罪在总犯罪中的构成与 1992 年保持一致，并假定 1991 年到 1993 年的盗窃犯罪增长率不变，这样就可以计算出 1992 年盗窃立案标准调整的低估影响，以此为系数调整 1992 年之后的盗窃犯罪数。这个调整方法最不合理的地方是忽略了盗窃立案标准本身包含了经济社会条件变化的调整因素，因而，这样的调整是显著高估了盗窃犯罪数。

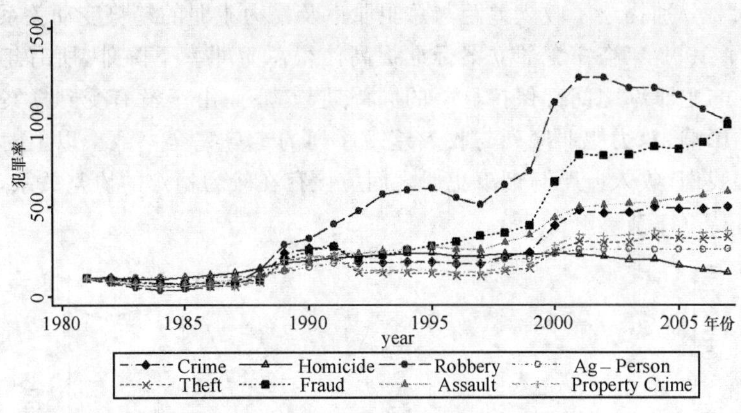

图 6.1　刑事犯罪序列的变动趋势

注:(1)刑事犯罪率定义为每十万人口的刑事立案数,数据来源于历年的《中国法律年鉴》,其中 1983 年的分项犯罪率数据缺失,我们用前后两年的数据取平均值进行补充;(2)每个刑事犯罪序列均以 1981 年的犯罪率数据为 100 进行指数化处理。

比 1981 年,到 2000 年抢劫犯罪却增加了将近 12 倍。伤害犯罪和诈骗犯罪从 90 年代中期以来也快速增长,前者上升了 3 倍多,而后者上升了 1 倍。另外,和我们之前的判断一致,由于总犯罪率中盗窃犯罪所占的比例一直相对稳定,所以二者在序列趋势上非常同步。最后,2000 年以来杀人犯罪数在下降,这可能是由于近些年"命案"在社会上往往引起很大的反响,致使公安机关的绩效考察中,"命案"破案率所占的权重急剧上升①。而"命案"破案率上升可能有利于威慑杀人犯罪。

其次,和前面一章收入差距的定义相同,本章国家层级的收入差距仍旧定义为城镇居民可支配收入和农村居民纯收入之比。虽然,国家层面上,已有许多收入差距的文献开始计算全国城乡加权的基尼系数,但是不同文献的计算方法差异甚大,并不存在统一的计算公式,而且,由于加权城乡基尼系数中,城乡之间的收入差距构成了很大一部分,因而,计算相对简单一致的城镇可支配收入和农村居民纯收入之比的城乡收入差距,可以作为总体收入差距的代理变量。另外,为了检验收入差距变量的选取是否对协整估计有影响,我们也引入城乡消费支出的比值作为一项稳健性分析。图 6.2

① 近年,浙江省各地市的命案破案率持续上升,目前几乎所有地区的命案破案率都超过 90%;每年的公安工作报告也开始报告命案破案率指标,这提醒我们命案破案在公安考核中受到特别的重视,使得刑事命案率下降。具体数据可以参考《浙江公安年鉴》(历年)。

和图 6.3 分别描绘了收入差距与总犯罪率及暴力犯罪的趋势变动关系。其中,除了 1992 年盗窃犯罪立案标准提高使得总犯罪率下降外,所有年份收入差距与犯罪率之间都保持显著的同周期趋势;而由于没有受到立案标准变更的影响,暴力犯罪序列与收入差距序列的走势完全一致。以上对比初步提醒我们,收入差距与刑事犯罪之间应该存在较为稳定的协整关系,具体估计有待下一节展开。

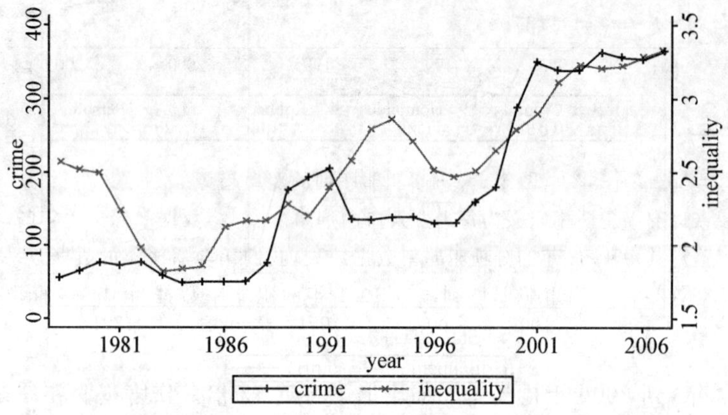

图 6.2　收入差距与总刑事犯罪率

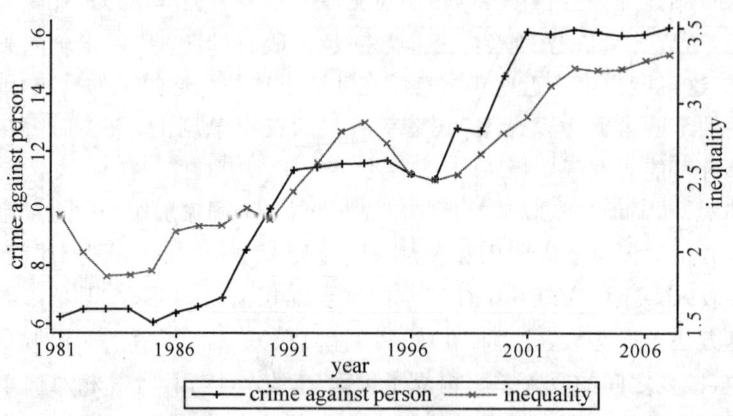

图 6.3　收入差距与暴力犯罪率

注:(1)暴力犯罪包括:杀人、抢劫和强奸;(2)刑事犯罪立案数据来源于历年的《中国法律年鉴》,收入差距为城镇可支配收入与农村纯收入之比,根据《中国统计年鉴(2008)》的相关数据计算而得。

最后,本章使用的公共执法威慑变量是刑事犯罪破案率,其定义为公安机关破获的案件与立案之比。值得注意的是,犯罪经济学的实证研究中,公共执法威慑变量通常包括：警察规模、警察部门的支出、逮捕率、破案率、起诉率等。一般认为，警察规模是比较理想的执法威慑指标，而逮捕率和起诉率则可能受到控制而扭曲。由于缺乏警察规模方面的指标，本章和Fajnzylber等(2002)的做法类似，也是利用刑事案件的破案率作为公共执法状况的表征。相比执法支出方面的数据，刑事犯罪破案率对犯罪分子的威慑更加直接。图6.4清楚地显示了公共执法与犯罪率之间显著的反周期变动趋势。1988年之前，刑事犯罪的破案率高达70%以上，犯罪率较低；类似的，90年代前半段犯罪率增长较慢，同时期的破案率较高；而90年代后期以及2000年之后，刑事犯罪破案率维持低位运行，在一些年份甚至只有40%左右，这个阶段的刑事犯罪率上升则非常显著。综合以上收入差距、执法威慑与刑事犯罪序列的变动趋势，直观的感觉是收入差距上升和执法威慑的下降，是我国转型期犯罪率上升的重要原因，但是，不同犯罪序列与以上两个变量的具体关系，还需要作进一步的计量分析。

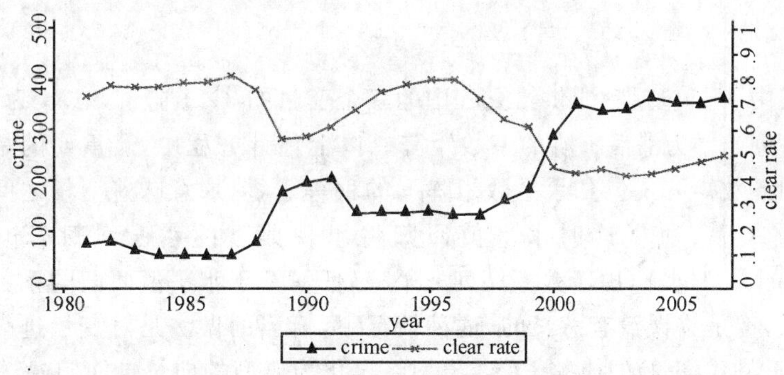

图6.4　刑事犯罪破案率与刑事犯罪率

6.2　计量分析策略与基本思路①

前面一节对宏观犯罪序列的构造及走势展开了考察，本节讨论计量分析的基本思路，并对时间序列数据的平稳性加以分析。根据第四章的理论模型推导，一个简化的犯罪供给函数可以表示为：

$$C = F(P, S) \tag{6-1}$$

其中，P代表执法威慑变量，而S是相关的经济社会变量。正如前面一章的分析指出的，犯罪供给方程的估计，最困难的是遗漏变量和测量误差

① 本节有关时间序列技术细节的讨论，主要参考恩德斯(Enders)：《应用计量经济学时间序列分析》，高等教育出版社2006年版，第六章。

所导致的不可观测的异质性,以及公共执法变量可能存在的内生性问题。以上三个问题都将导致犯罪供给估计出现偏误和不一致。第四章利用面板数据对遗漏变量问题和测量误差的影响做了讨论,本章则将重点放在内生性问题上。现今,在犯罪经济学实证研究文献中,针对公共执法变量与犯罪率之间的联立内生所导致的估计困难有三条比较有影响的研究思路:第一是以 Levitt(1997、2002)为代表的工具变量法,这个研究思路的基本想法是,找到一个外生的工具变量影响执法变量的变动,但是其本身并不受犯罪率的影响,以此识别犯罪供给方程。而后面两种研究思路,本质上都是利用时间序列的协整分析框架处理内生性问题,代表性的文献包括 Marvell 和 Moody(1996)以及 Corman 和 Mocan(2000)。由于没有找到合适的工具变量,因而,本章接下来的分析沿着时间序列的协整分析框架展开。

考虑执法威慑变量可能存在的内生性影响,以上犯罪供给方程对应的协整误差修正模型(ECM)的设定通常是:

$$\Delta X_t = \pi X_{t-1} + \sum_{j=1}^{p-1} \pi_j \Delta X_{t-j} + \varepsilon_t \tag{6-2}$$

其中,X_t 包括犯罪供给方程中的三个变量的 3×1 向量,ΔX_t 为 X_t 的差分序列,π_j 为滞后 j 阶的系数矩阵。以上估计方程中,最重要的是 X_{t-1} 前面的系数矩阵 π。如果系数矩阵 π 的秩等于零,这意味着变量之间不存在协整关系,所以这时水平值回归将出现典型的谬误回归(Spurious Regression);同样,由于残差序列非平稳,任何基于水平值回归的系数和预测结果,都是错误没有意义的;这种情况下,恰当的做法是对变量进行差分处理,于是式(6-2)的协整 ECM 模型将退化为典型的向量自回归(VAR)模型,可以用来讨论变量之间的短期动态关系。如果系数矩阵 π 为满秩,则向量本身为平稳过程,直接可以用 VAR 框架讨论。而当矩阵 π 的秩介于二者之间时,变量之间存在协整关系,矩阵 π 的秩即为协整向量的个数。并且,如果向量之间存在协整关系,那么直接用 VAR 模型或者差分序列进行估计,将导致方程形式的错误设定问题。最后,由于以上协整关系分析框架中,所有变量均被视为内生变量,因而,即使犯罪威慑变量存在内生性问题,以上估计的结果仍旧是一致估计量。

在进行协整分析之前,最重要的是确定时间序列的恰当滞后阶数和检查平稳性。由于国家层级的犯罪率序列只从 1981 年到 2007 年相对较短,因而,我们确定最长的滞后阶数为 3 阶,然后逐步剔除滞后阶数估计向量自回归模型,滞后阶数的选择根据第一个 F 统计值不显著加以确定。我们的估计结果表明,除了 Ag(暴力犯罪率)序列为一阶滞后,其余变量序列均应选择二阶滞后。表 6.1 报告了我国国家层级的不同犯罪序列，以及收入差距及破案率序列单位根检验的结果。首先，除了 Fr(诈骗犯罪率)序列的水平值在 5%的显著程度上拒绝了存在单位根的原假设，所有刑事犯罪序列均不能拒绝存在单位根，即刑事犯罪的水平值序列均不平稳①。值得注意的是，刑事犯罪率水平值序列非平稳，与地区犯罪往往存在一定的惯性这个观察非常一致(Fajnzylber et al，2002)。其次，对以上变量序列的水平值进行一阶差分后，除了杀人犯罪率序列(Ho)仍旧非平稳，其他变量序列均可以拒绝存在单位根的原假设。所以，以上检验结果说明，总犯罪率(Cr)、抢劫犯罪率(Ro)、伤害犯罪率(As)、暴力犯罪率(Ag)、盗窃犯罪率(Th)、侵财犯罪率(Pr)以及破案率(Cl)和收入差距序列(In)均为一阶单整 $I(1)$，而杀人犯罪则比较特殊为 $I(2)$。

表 6.1　刑事犯罪率序列的单位根检验

Model	H0	Cr	Ho	Ro	Ag	As	Th	Fr	Pr	In	Cl
$\Delta x_t=\alpha_0+\alpha_1 t+\theta x_{t-1}+\sum_{i=2}^{p}\beta_i\Delta x_{t-i+1}+\varepsilon_t$	$\theta=0$	−2.66	0.03	−3.29	−2.8	−2.83	−2.61	−1.68	−2.65	−3.55	−2.58
	$\theta=\alpha_1=0$	3.55	3.13	6.16	4.31	4.23	3.43	1.5	3.55	6.64	3.41
	$\theta=\alpha_0=\alpha_1=0$	3.13	2.3	4.33	3.95	4.78	2.81	3.76	2.96	5.44	2.37
$\Delta x_t=\alpha_0+\theta x_{t-1}+\sum_{i=2}^{p}\beta_i\Delta x_{t-i+1}+\varepsilon_t$	$\theta=0$	−0.45	−2.03	−1.33	−0.64	−0.12	−0.97	0.84	−0.87	−1.08	−1.68
	$\theta=\alpha_0=0$	0.78	2.07	1.42	1.76	2.23	1.08	2.86	1.08	1.88	1.62
$\Delta x_t=\theta x_{t-1}+\sum_{i=2}^{p}\beta_i\Delta x_{t-i+1}+\varepsilon_t$	$\theta=0$	0.7	−0.6	−0.06	1.42	1.48	0.48	2.17	0.57	1.36	−0.95

注：(1)Cr—总刑事犯罪，Ho—杀人犯罪，Ro—抢劫犯罪，Ag—暴力犯罪，As—伤害犯罪，Th—盗窃犯罪，Fr—诈骗犯罪，Pr—侵财犯罪，In—收入差距，Cl—破案率；(2)蒙特卡罗模拟表明，5%显著程度下，各检验系数的临界值自上而下分别为：−3.6、7.24、5.68、−3.00、5.18、−1.95。

6.3　协整分析

一般来说，不同单整阶数的变量序列之间，不可能存在长期协整关系。所以，以下犯罪供给方程的协整分析中，我们将不再讨论杀人犯罪率序列(Ho)和诈骗犯罪率序列(Fr)。传统上，协整检验的方法有两种：第一种是

① 虽然，诈骗犯罪率序列(Fr)在 5%的显著水平下可以拒绝存在单位根假设，而在 1%的显著水平下则不能拒绝单位根，但是，考虑到时间序列较短，统计值(2.17)也较小，所以我们还是倾向于认为所有犯罪序列都存在单位根。由于诈骗犯罪率序列(Fr)和盗窃犯罪率序列(Th)都受到立案标准重新定义的影响，因而，我们以下的协整分析只对盗窃犯罪展开，不讨论诈骗犯罪。

Engle-Granger(1987)两步法;第二种是 Johansen(1988)基于残差矩阵特征根和秩检验的方法。前面一种方法的优点是简单容易操作,但缺点是对样本容量有较大要求,样本量较小时倾向于接受存在协整关系,并且多变量序列的协整检验和误差修正模型(ECM)容易受到方程形式设定的影响(恩德斯,2006)。基于以上考虑,本节接下来的协整关系检验,使用更具一般性的 Johansen(1988)检验方法。协整检验的滞后项选择,根据最小 AIC 和 SBIC 信息准则确定。其中,盗窃犯罪率(Th)的协整系统 SBIC 准则和 AIC 准则出现不一致,SBIC 准则提示选择一阶滞后,而 AIC 准则和其他标准都建议三阶滞后,所以,我们选择了较长的三阶滞后,其余五个犯罪率序列的协整系统滞后项选择上,两个信息准则均一致地确定为二阶滞后。

6.3.1 协整关系的 Johansen 检验

表 6.2 报告了总犯罪率(Cr)与收入差距(In)及破案率(Cl)序列的协整检验结果。这三个序列的协整检验中,最大滞后阶数根据 SBIC 和 AIC 准则设定为二阶滞后,迹统计量和最大特征根值统计量分别为 28.80 和 23.20,均超过 5%的显著水平的统计值;而存在更多协整向量的原假设的两个统计量分别只有 5.60 和 4.08,明显低于显著水平。另外,残差序列的一阶序列相关的拉格朗日乘数检验也表明滞后阶数设定合理。所以,表 6.2的检验结果清楚地显示,总犯罪率和收入差距以及破案率之间存在长期协整关系。

表 6.2 总犯罪率、收入差距与破案率的 Johansen(JJ)检验

H_0	迹值检验				H_0	最大特征根值检验			
	H_1	统计值	5%	1%		H_1	统计值	5%	1%
$r=0$	$r=1$	28.80	24.31	29.75	$r=0$	$r>0$	23.20	17.89	22.99
$r=1$	$r=2$	5.60	12.53	16.31	$r\leqslant 1$	$r>1$	4.08	11.44	15.69
$r=2$	$r=3$	1.51	3.84	6.51	$r\leqslant 2$	$r>2$	1.51	3.84	6.51
伴随矩阵的根:0.55083,0.15075,0.05865									
残差序列的诊断性检验(LM test):									
一阶序列相关的拉格朗日乘数检验:11.4405,$p=0.25$									

盗窃犯罪率(Th)与收入差距(In)和破案率(Cl)的协整检验结果报告在表 6.3 中。类似的,迹统计量和最大特征根值统计量分别为 27.12 和 19.21,均明显超过 5%显著程度的临界统计值,说明以上三个变量序列之间存在长期协整关系。并且,多于一个协整向量的两个统计值为 7.91 和

7.57,分别显著小于5%置信程度的统计临界值。所以,综上盗窃犯罪、收入差距与破案率三者之间也只存在一个协整向量。值得注意的是,虽然在滞后阶数选择上,SBIC准则和AIC准则出现不一致,但是残差序列的一阶序列相关的拉格朗日乘数检验,却表明三阶滞后的设定非常合理。

表6.3 盗窃犯罪、收入差距与破案率的Johansen(JJ)检验

H_0	迹值检验				H_0	最大特征根值检验			
	H_1	统计值	5%	1%		H_1	统计值	5%	1%
$r=0$	$r=1$	27.12	24.31	29.75	$r=0$	$r>0$	19.21	17.89	22.99
$r=1$	$r=2$	7.91	12.53	16.31	$r\leqslant1$	$r>1$	7.57	11.44	15.69
$r=2$	$r=3$	0.34	3.84	6.51	$r\leqslant2$	$r>2$	0.34	3.84	6.51
伴随矩阵的根:0.56730,0.27068,0.01394									
残差序列的诊断性检验(LM test):									
一阶序列相关的拉格朗日乘数检验:7.8312,$p=0.55$									

表6.4报告了侵财犯罪率(Pr)、收入差距(In)与破案率(Cl)序列的协整检验结果。和总刑事犯罪与盗窃犯罪协整系统的检验结果类似,表6.4表明迹值统计量在1%的置信水平上拒绝了不存在协整向量的原假设,而存在一个协整向量的迹值统计量为13.69,低于5%的置信水平的统计值15.41。另外,最大特征根值检验在5%的置信水平上可以拒绝不存在协整向量的原假设,而最多存在一个协整向量的最大特征根值检验统计量为12.75,低于5%置信水平的临界统计值。因而,迹值检验统计量和最大特征根值检验统计量均在5%置信水平上一致判定,侵财犯罪、收入差距与破案率的协整系统中存在且仅存在唯一的协整向量。

表6.4 侵财犯罪、收入差距与破案率的Johansen(JJ)检验

H_0	迹值检验				H_0	最大特征根值检验			
	H_1	统计值	5%	1%		H_1	统计值	5%	1%
$r=0$	$r=1$	37.20	29.68	35.65	$r=0$	$r>0$	23.51	20.97	25.52
$r=1$	$r=2$	13.69	15.41	20.04	$r\leqslant1$	$r>1$	12.75	14.07	18.63
$r=2$	$r=3$	0.94	3.76	6.65	$r\leqslant2$	$r>2$	0.94	3.76	6.65
伴随矩阵的根:0.60954,0.39951,0.03684									
残差诊断性检验(LM test):									
一阶滞后:13.12,$p=0.157$									

最后,表6.5集中报告了其余三个犯罪序列与执法威慑及收入差距变量序列的协整检验结果。与Saridakis(2004)基于美国1960年到2000年之间的暴力犯罪序列的协整研究结果保持一致,伤害犯罪率(As)和包括杀人、强奸、伤害的暴力犯罪率(Ag)序列,与执法变量及经济社会条件序列之间均并不存在长期协整关系,迹值统计量和最大特征根值统计量仅仅分别为12.87、8.24、18.65和11.34,均明显低于5%显著水平的临界统计值。但是,令我们略微感到意外的是,与Lee(1999)以及Scorcu和Cellini(1998)等的发现不同,一般认为属于典型侵财犯罪的抢劫犯罪率序列与收入差距和破案率序列之间不存在长期协整关系,并且迹统计值和最大特征根统计值,均远远小于相应的临界统计量。从抢劫犯罪时间序列的走势来看,之所以出现这个检验结果,可能的解释是2000年之后抢劫犯罪几乎逐年缓慢下降,而同期收入差距在进一步扩大,作为执法威慑指标的破案率序列在前半段时间也持续下降。

表6.5 抢劫、伤害以及暴力犯罪与收入差距及破案率的Johansen(JJ)检验

协整系统	迹值统计量	最大特征根值统计量
Ro	10.35	6.42
As	12.87	8.24
Ag	18.65	11.34

注:5%和1%显著水平的迹统计量分别为24.31和29.75,相对应的最大特征根值统计量分别为17.89和22.99。

综合以上Johansen协整检验的结果,和大多数基于国家层级的犯罪时间序列的研究结果保持一致,我们发现总刑事犯罪率(Cr)、盗窃犯罪率(Th)和侵财犯罪率(Pr)与公共执法威慑变量及收入差距变量之间存在长期稳定的协整关系;相反,诸如杀人、伤害等暴力犯罪序列,与以上两个变量均不存在长期协整关系。值得注意的是,以上协整关系检验中,侵财犯罪和暴力犯罪的差异性对比,一定程度上正也符合经典犯罪经济学模型的预测,即总体上相比暴力犯罪,侵财犯罪对激励约束条件的变更反应更加敏感,而暴力犯罪对激励条件的弹性则普遍较小。类似的发现在区分犯罪类型的面板数据的研究结果中,也大多可以得到支持,比如Levitt(1996、1997)。

6.3.2 协整与误差修正模型分析

由于总刑事犯罪率(Cr)、盗窃犯罪率(Th)及侵财犯罪率序列(Pr),与收入差距(In)及破案率序列(Cl)之间只存在唯一的协整向量。因而,可以通过标准化协整向量对变量之间的长期关系进行研究,而协整方程对应的误差修正 ECM 模型中的调整系数，则显示变量偏离长期均衡关系的短期动态调整。

表 6.6 报告了系数标准化后的总刑事犯罪率协整方程和相应的调整系数。其中，收入差距变量(In)与破案率变量(Cl)前面系数的符号均与之前的理论预测保持一致，并且非常显著。这个协整方程意味着，总犯罪率与收入差距及破案率之间存在一个长期稳定的“均衡”关系，收入差距上升时，犯罪率相应增加，而破案率下降时犯罪率相应上升。这个发现与我国转型期的基本事实相符，持续扩大的收入差距与执法威慑程度的下降，共同导致犯罪率的持续攀升。表 6.6 的估计表明，长期来看，收入差距平均每上升 1 个点，犯罪率将上升 1.53 个点；如果利用两个变量的均值计算相应的弹性，则收入差距对犯罪率的长期弹性为 2.13，这个估计值比之前估计的短期弹性大很多，但是却低于 Bourguignon(1999)所估计收入差距对杀人犯罪的短期弹性(3.6)，高于其抢劫犯罪的弹性(1.1)，并且显著低于其计算的收入差距的长期弹性(杀人犯罪和抢劫犯罪分别为 3 和 7)。另外，由于协整系统中所有变量均可以被视为内生变量，所以即使执法威慑变量破案率与犯罪率之间存在内生性问题，表 6.6 的估计结果仍旧是一致估计量。类似的，平均而言破案率上升 1 个点，将导致犯罪率下降 3.27 个点，按照同样的方法，破案率的犯罪威慑弹性可以粗略计算为−1.14。值得注意的是，这个结果略高于 Marvell 和 Moody(1996)利用时间序列方法基于美国州和市一级数据所估计的弹性(侵财犯罪和暴力犯罪的弹性大致在−0.3 到−0.6 之间)，与 Corman 和 Mocan(2000)基于纽约市时间序列数据的估计结果(不同犯罪种类的弹性在−0.3 和−0.94 之间)则比较接近。

表 6.6 总犯罪率协整方程及调整系数估计

	Cr	In	Cl
协整方程	1.000	−1.53***	3.27***
		(−29.61)	(17.31)
调整系数	−0.50*	0.26***	0.06
	(−1.95)	(3.24)	(1.33)

注：括号内为不同误差修正模型(ECM)中误差修正项系数，即调整系数的显著性检验的 z 值。

再者，从表 6.6 报告的短期动态调整系数看，令我们感兴趣的包括以下两个方面。首先，破案率序列(Cl)的短期误差调整系数较小，而且并不显著。这意味着破案率序列(Cl)在本协整系统中属于弱外生性变量。所以，以上估计的破案率的威慑效应，可以视为是我国国家层级的时间序列数据中,支持执法威慑变量与犯罪率变量之间存在格兰杰因果关系的一个证据,即破案率上升是犯罪率下降的格兰杰原因。这个发现与 Marvell 和 Moody(1996)、Lee(1999)以及 Corman 和 Morcan(2000)的发现保持一致。其次,刑事犯罪率的 ECM 模型中,误差修正项调整系数在 10%的置信水平上保持显著,这表明,如果短期内收入差距扩大或破案率下降,刑事犯罪率上升超过长期均衡的犯罪率水平,则刑事犯罪率将回调;相反,如果收入差距扩大过程中,由于种种原因犯罪率没有相应增加,短期调整系数为负,意味着短期内犯罪率必然上升。这个观察与我国转型期刑事犯罪率变化的实际比较一致,经济社会变量和执法威慑变量,对刑事犯罪率的影响一般存在一个调整时滞。就犯罪治理的公共政策而言,以上长短期估计结果也意味着,收入差距和劳动力市场状况的改善,将带来刑事犯罪率的长久改善;相反,如果收入差距状况持续恶化,那么虽然短期内刑事犯罪可能偏离长期均衡水平,维持较低的位置,但是长期来看犯罪率必将显著上升。

类似的,表 6.7 和表 6.8 分别报告了盗窃犯罪率(Th)协整方程、包含侵财犯罪率(Pr)的协整方程与相应调整系数的估计结果。一定程度上,让我们对总犯罪率的估计结果感到放心的是,虽然协整方程的估计系数数值上均略有减小,但是总体上不论盗窃犯罪率(Th)还是侵财犯罪率(Pr)的协整估计结果,在系数符号与显著程度方面与表 6.6 的结论均非常一致。考虑到一直以来盗窃犯罪及侵财犯罪在总犯罪率中的占比在大多数年份都超过 80%,并且一直比较稳定,所以以上两个接近的估计结果也从侧面说明,本节的协整分析较少受到犯罪率变量测定性误差的影响。利用类似的核算方法,我们也计算了收入差距(In)对盗窃犯罪率(Th)和侵财犯罪率(Pr)的长期弹性分别为 1.88 和 2.06,而破案率(Cl)对盗窃犯罪率(Th)和侵财犯罪率(Pr)的长期弹性则分别为 −0.93 和 −1.07。以上两个弹性估计值均与国际犯罪经济学相似主题的实证研究文献的估计较为接近,一定程度上同样也肯定了我们的协整分析结果总体比较合理。另外,短期动态调整系数估计的基本情况也与总犯罪率协整系统中的估计结果非常接近,因而,此处不再详细展开。

表 6.7　盗窃犯罪率协整方程及调整系数估计

	Th	In	Cl
协整方程	1.000	−0.95***	1.87***
		(−23.08)	(12.37)

续 表

	Th	In	Cl
调整系数	−0.48	0.23*	0.191**
	(−1.37)	(1.87)	(2.37)

注：(1)Th—盗窃犯罪率序列，In—收入差距序列，Cl—破案率序列；(2)括号内为不同误差修正模型(ECM)中误差修正项系数即调整系数的显著性检验的 z 值。

表 6.8 侵财犯罪率协整方程及调整系数估计

	Pr	In	Cl
协整方程	1.000	−1.20***	2.50***
		(−23.08)	(12.37)
调整系数	−0.63**	0.29***	0.10*
	(−2.38)	(2.80)	(1.91)

注：(1)Pr—侵财犯罪率序列，In—收入差距序列，Cl—破案率序列；(2)括号内为不同误差修正模型(ECM)中误差修正项系数即调整系数的显著性检验的 z 值。

6.3.3 稳健性检验

正如之前提到的，犯罪问题的长期时间序列分析一个可能的困扰就是刑事犯罪立案标准的重新调整。我国分别于 1984 年和 1992 年对盗窃犯罪的立案标准作了修订，其中第二次盗窃犯罪立案标准对盗窃犯罪统计的影响尤为明显，相应的由于盗窃犯罪在侵财犯罪和总犯罪率中均占据绝对的比例，因而可能对后面两种犯罪序列的结构稳定性也产生影响，这将有可能削弱协整分析的有效性。为了检验盗窃犯罪立案标准的影响，我们在总犯罪率、收入差距与破案率序列的协整分析中，加入一个反映 1992 年立案标准调整的虚拟变量。重新估计的结果显示，虽然标准化过的协整系数略有提高，收入差距和执法威慑的系数分别变为−1.71 和 3.67，但是系数的显著程度和符号均与原有估计非常一致；同样，新协整系统的短期调整系数为−0.78、0.38 和 0.08，和表 6.6 的估计略有差异，但是，总犯罪率和收入差距的短期调整系数，均在 5%的置信水平上保持显著，与原来的结果完全相同。这个对比结果说明，我们之前的协整分析较少受到犯罪率数据可能存在结构调整的影响。

另外，同样为了检验协整分析是否受到犯罪率变量测定性误差的干扰，我们也利用每年最高人民法院的一审刑事犯罪收案数构造新的刑事犯罪率，对刑事犯罪率与收入差距及破案率变量的协整关系展开检验。令我们感到放心的是，虽然刑事破案率与人民法院的刑事案件表征的刑事犯罪率之间,不存在很好的犯罪威慑对应关系,使得标准化的协整方程中刑罚威慑变量的系数值大大下降,并且变得不显著,但是收入差距变量的系数为一1.68,与以上几个估计结果非常接近,这说明至少核心变量收入差距与刑事犯罪之间还是存在非常稳健的长期关系。最后,我们也将收入差距变量定义为城乡消费支出之比,对包含总刑事犯罪率、收入差距和执法威慑序列的协整系统进行重新估计。除了系数上略有微小差异,长期协整关系与短期动态调整的系数值大小及显著程度与前一小节的结果完全一致,因而,这表明我们的协整分析较少受到变量测定性误差的影响。

6.3.4 其余犯罪序列的短期动态分析

之前的协整检验结果表明,虽然抢劫犯罪、伤害犯罪与暴力犯罪序列均为一阶单整序列 $I(1)$,但是,这三个犯罪率序列与收入差距(In)及破案率序列(Cl)之间,并不存在稳定的长期协整关系。因而,恰当的做法就是通过一阶差分序列进行估计,以讨论以上变量序列之间的短期动态关系。我们分别估计了抢劫犯罪率(Ro)、伤害犯罪率(As)及暴力犯罪率(As)的简单一阶分布滞后模型,最后也尝试估计了暴力犯罪率的一阶 VAR 模型,基本结果报告在表 6.9 中。

表 6.9 抢劫、伤害、暴力犯罪与收入差距及破案率的一阶差分估计

VARIABLES	(1)	(2)	(4)	(5)
	ΔRo_t	ΔAs_t	ΔAg_t	ΔAg_t
ΔRo_{t-1}	0.3501**			
	(2.322)			
ΔCl_t	−0.1948***	−0.0431***	−0.0759***	
	(−3.910)	(−3.625)	(−4.012)	
ΔIn_t	0.0516*	0.0101	0.0106	
	(1.918)	(1.535)	(1.071)	
ΔAs_{t-1}		0.4951***		
		(3.512)		
ΔAg_{t-1}			0.3276*	−0.1609
			(1.995)	(−0.739)
ΔCl_{t-1}				−0.0774***
				(−3.098)

续 表

VARIABLES	(1)	(2)	(4)	(5)
	ΔRo_t	ΔAs_t	ΔAg_t	ΔAg_t
ΔIn_{t-1}				0.0063
				(0.648)
Constant	0.0000	0.0012	0.0012	0.0035**
	(0.0122)	(1.281)	(0.835)	(2.337)
Observations	25	25	25	25
R-squared	0.573	0.614	0.483	0.356

注：(1)括号内为经异方差调整过的 t 值；(2)每个变量之前的“Δ”算子代表一阶差分，下标代表一阶差分的水平值，$t-1$ 代表差分序列的一阶滞后项。

由于三个犯罪序列均为一阶单整 $I(1)$，所以经过一阶差分后可以得到平稳序列，满足古典时间序列回归的基本假定，因而，可以利用 OLS 方法进行估计。表 6.7 的前三列报告了三个方程的一阶差分的估计结果，而第(4)列则是对暴力犯罪率(Ag)做了一个简单的 VAR 估计。首先，值得注意的是，虽然三个变量序列的估计中，破案率(Cl)和收入差距变量(In)前面的系数均与预期一致，但是，相比伤害率(As)和暴力犯罪率(Ag)，具有侵财性质的抢劫犯罪率(Ro)对破案率和收入差距变量的变动都更为敏感，估计系数值接近暴力犯罪的三倍，并且，收入差距扩大对抢劫犯罪率的上升有显著影响，而对伤害和暴力犯罪的影响则不显著。以上估计结果再次印证了许多经典犯罪经济学文献的发现，即相比暴力犯罪，侵财犯罪对激励调整的反应更加明显(Levitt，1996、1997)。最后，第(4)列的一阶 VAR 估计结果中，破案率与收入差距变量前面的系数符号均与预期一致，但是前者显著而后者不显著。并且，在进一步做了格兰杰因果检验后发现，短期内破案率上升是暴力犯罪率下降的格兰杰原因。这个结果说明，短期内收入差距扩大对暴力犯罪的影响并不明显；虽然许多犯罪学的研究都认为暴力犯罪更多是情感驱动的结果，但是以上分析表明短期内刑事威慑力度增强，暴力犯罪率同样将下降，同样这也符合犯罪经济学理性选择模型的预测，犯罪的预期成本上升，潜在犯罪分子将减少犯罪数量，或者降低犯罪的严厉程度。

6.4 本章小结

基于 1981 年到 2007 年之间国家层级的刑事犯罪序列数据，本章利用时间序列的协整分析方法，对收入差距及执法威慑变量与不同类型的犯罪率序列之间的协整关系展开了详细的讨论，并建立相应的误差修正模型(ECM)，考察了变量之间的长短期关系。由于协整分析中所有变量均被视为内生变量，因而，即使执法威慑变量存在内生问题，我们仍旧可以得到一致估计量。与犯罪经济学时间序列方面的研究文献保持一致，我们发现：第一，总刑事犯罪率、盗窃犯罪率序列、侵财犯罪率序列与收入差距、破案率序列之间存在稳定的长期协整关系，相反，伤害、抢劫及暴力犯罪率与以上变量序列之间均不存在协整关系；第二，协整分析的结果表明，收入差距与刑事犯罪破案率对盗窃犯罪率、侵财犯罪率及总刑事犯罪率的长期弹性大约分布在 1.88 到 2.13 和 －0.93 到 －1.14 之间，该估计结果与 Marvell 和 Moody(1996)，以及 Corman 和 Mocan(2000)的估算均较为接近，三个犯罪率序列协整系统的估计结果非常接近也意味着，我们的协整分析较少受到犯罪率变量测定性误差的影响；第三，协整系统的短期动态分析显示，虽然收入差距的持续扩大，短期内刑事犯罪率可能偏离长期均衡水平，但是这种偏离意味着下一个阶段的犯罪率必然要上升，所以，从长期公共政策的视角来看，刑事犯罪率的持续下降必须着眼于收入差距和劳动力市场状况的改善。

7 刑罚威慑与犯罪治理：一个 GMM 估计

前面两章分别利用面板数据的固定效应模型分析和时间序列数据的协整分析，对我国转型期经济社会变量影响犯罪参与的传导机制展开了详细的计量分析。和第四章的理论模型分析预测一致，我们的定量研究发现，绝对收入差距和相对收入差距扩大共同导致我国转型期犯罪率的持续上升，与此同时，快速的城市化进程及大规模的劳动力迁移也是犯罪率攀升的重要原因。至此，除了第六章的协整分析曾初步涉及执法威慑在犯罪治理中的作用，之前的分析并没有深入探讨执法威慑问题。然而，不论犯罪经济学的理论研究还是犯罪治理实践，执法威慑效应的估计均具有极为特殊的意义。就理论研究而言，刑罚威慑增加则犯罪预期成本上升，理性犯罪分子将减少犯罪供给或降低犯罪严厉程度；于是，犯罪威慑效应是否存在，将与犯罪分子是否理性的响应激励调整这个犯罪经济学的基础命题密切相关(Ehrlich，1996)。也正是这个意义上，Becker(1968)以来的犯罪经济学理论也被称为犯罪威慑模型(Myers，1983；Levitt and Miles，2004)。另外，从犯罪治理实践看，犯罪威慑和福利项目是犯罪治理的两个基本手段，因而执法威慑效应的估计，对犯罪治理的公共政策制定和讨论也异常关键。

综合以上两个方面的考虑，本章利用我国 1979 年到 1999 年间的分省面板数据，尝试对公共执法的犯罪威慑效应展开估计，以期对收入差距影响转型期犯罪参与的讨论做进一步的补充。众所周知，犯罪威慑效应估计最重要的挑战在于执法变量与犯罪率之间可能存在的联立内生问题。对此，本章将利用两次“严打”运动生成的独特的外生执法变量变动，以及动态面板数据的广义矩估计方法加以处理。1983 年开始到 1986 年年底结束的第一次全国性“严打”运动，以及 1996 年的第二次“严打”运动，主张“从严从快”，“在较短时间内对犯罪分子进行集中打击”。这种惩罚概率和惩罚严厉程度的外生政策变化，为犯罪威慑理论检验提供了极为难得的“自然实验”场景。除了引言，本章余下部分的结构安排如下：第一节简单回顾犯罪威慑效应估计的相关研究，简要介绍我国“严打”运动的背景和特征，并在此基础上说明“严打”的犯罪威慑机制；第二节讨论本章计量分析的基本策略和数据；第三节报告计量分析结果；第四节是本章总结。

7.1 犯罪威慑效应估计与“严打”

现代犯罪威慑思想最早可以追溯到意大利刑法之父 Beccaria(1764)和古典功利主义先驱 Bentham(1789)的一系列经典著述。Becker(1968)的开创性工作则把 Beccaria(1764)和 Bentham(1789)的古典犯罪威慑思想，正式纳入到标准微观个体理性选择框架加以分析。与传统犯罪心理学和犯罪社会学的研究不同，犯罪威慑模型主张犯罪是个体权衡犯罪成本收益的理性选择，而公共执法正是通过影响犯罪分子的预期惩罚成本，从而实现对犯罪分子的威慑(Sampson and Cohen，1985)。本节简单梳理犯罪威慑效应估计的相关文献，并在此基础上介绍我国“严打”运动的主要特征，阐述其对犯罪威慑假说检验可能构成的启发。

7.1.1 犯罪威慑效应估计的相关文献

尽管，直观上我们大多认同执法威慑增加将提高犯罪分子的预期惩罚成本，于是，理性犯罪分子将减少犯罪时间投入，犯罪率有望下降。然而，除了 Ehrlich(1975、1976、1977a)的一系列有关死刑判罚威慑谋杀犯罪的研究，早期犯罪经济学文献对犯罪威慑模型的估计(Title and Rowe，1974)，鲜有找到确切的公共执法威慑犯罪的直接证据。Cameron(1988)所列出的22 项早期研究中，其中 18 项研究都发现刑罚威慑变量与犯罪率之间不存在显著的相关关系或者二者甚至正相关(Levitt，1997；Lin，2009)。之所以如此，在 Nagin 和 Fisher(1978)看来，关键在于早期研究普遍使用截面数据，不能对样本数据中不可观测的异质性因素进行控制；而且，更重要的是，执法变量和犯罪率之间存在典型的联立内生问题①，将导致直接回归执法变量与犯罪率出现联立性偏误，执法变量的威慑效应被系统的低估。于是，

---

① 执法变量与犯罪率之间的联立内生问题是指不仅公共执法强度增加可以影响犯罪参与，同时犯罪率较高的地方执法投入的边际产出相应较大，因而，将激励政府增加刑罚威慑项目的投入。事实上，执法变量的内生性问题，在 Ehrlich(1973)的经典文献中就已经有所涉及。Ehrlich(1973、1975)曾指出，对犯罪供给函数的估计必须包括三个方程的联立系统，第一个是后续研究基本都涉及的犯罪供给函数，第二个是执法需求函数，第三个是犯罪市场均衡方程，所以 2SLS 才能确保可能得到正确的威慑效应估计。也正是沿着这个研究思路，Ehrlich(1976、1977a)利用 1940 年和 1950 年的美国州一级的截面数据，对死刑的谋杀犯罪威慑效应展开了计量分析。一定程度上是所涉及的主题的敏感，Ehrlich 有关死刑威慑效应的研究引发了一系列的争论(Ehrlich，1977a、b)。后续 Ehrlich 和 Liu(1999)则对死刑威慑效应争论的计量方法维度进一步做了一个澄清，强调犯罪经济理论在犯罪威慑计量研究中的重要指导意义；而 Liu(2004)则利用相同的美国 1940 年和 1950 年的州一级数据，对死刑威慑效应估计中的内生性问题做了更详细的讨论；他的研究详细估计了不同州死刑废止状态的方程，并在此基础上利用 2SLS 估计死刑威慑效应，最后对不可观测的异质性等因素的影响做了进一步的补充讨论。Liu(2004)的研究同样发现非常显著稳健的死刑威慑效应。

后续有关犯罪威慑效应估计的文献，都将研究重点集中在执法变量内生性问题的处理上。迄今为止，比较有代表性的研究文献包括 Marvell 和 Moody（1994、1996）、Levitt（1996、1997、1998a、2002）以及 Corman 和 Mocan(2000)。其中，Levitt 的一系列研究的核心想法是利用工具变量法处理内生性问题，而其余两个研究进路则主要基于时间序列的 VAR 分析。

即使执法支出增加可能威慑犯罪，但是由于犯罪率上升也激励政府增加在公共执法方面的投入，因而，直接回归公共执法变量与犯罪率将出现典型的联立偏误。于是，为了从犯罪供给方程中得到犯罪威慑效应的一致估计，首要问题是找到刑罚威慑变量的外生变动，将其作为刑罚威慑变量的工具变量(IV)，进而通过 2SLS 估计识别犯罪供给方程。Levitt(1996、1997、1998a、2002)的一系列工作是这个研究理路的典型代表。在 1996 年发表的文章中，Levitt(1996)利用监狱人口拥挤诉讼作为监狱人口调整的外生因素，考察不同诉讼状态对监狱人口调整的影响，并在此基础上估计监禁惩罚的犯罪威慑效应。沿着类似的研究思路，Levitt(1997)的文章注意到警察雇佣在选举年份和非选举年份的差异。相比正常年份，在选举年份警察雇佣将增加 2%左右，而控制相关因素后，犯罪率与选举年份之间并不存在显著的直接联系，所以选举年份变量可以作为研究警察规模变动的外生工具变量。同样是利用公共政策生成的“自然实验”场景，Levitt(1998a)讨论了不同州成年人惩罚与青少年惩罚的严厉程度差异对青少年过渡到成年阶段的犯罪率的不同影响；成年罪犯的惩罚相比青少年罪犯惩罚对比更大的州，在接近成年阶段青少年的犯罪率将显著上升，而成年后将明显下降。另外，研究思路相同但侧重于案例分析，Kessler 和 Levitt(1999)利用加利福尼亚州的“三犯出局(Three Strike)”法案对不同犯罪种类惩罚程度加强的区别对待，研究重罪惩罚强度的外生提高，对不同类型犯罪率增长的差异性影响[①]。

和 Levitt 借助外生工具变量识别犯罪联立方程系统的做法不同，Marvell 和 Moody(1994、1996)以及 Corman 和 Mocan(2000)对犯罪威慑效应估计中的执法变量内生性问题的处理，主要依赖时间序列的 VAR 方法。众所周知，如果滞后项和方程形式设定合理，那么由于 VAR 系统中所有变量均被视为内生变量，因而即使刑罚威慑变量存在内生性问题，基于 VAR 的估计方法同样可以得到一致的威慑效应估计，并且，也可以通过 Granger 因果检验方法进一步讨论执法威慑变量与犯罪率之间的因果关系。沿着这

① 有关 Levitt(1996、1997、1998a、2002)犯罪经济学方面的一系列研究更详细的介绍，可以参考史晋川和陈春良(2009)。

个研究思路，Marvell 和 Moody(1994)讨论了监狱规模增加的犯罪威慑效应。而基于类似的方程设定1996年发表在著名《犯罪学(*Criminology*)》杂志的文章中，Marvell 和 Moody(1996)利用美国州和城市面板数据分别估计了警察规模和犯罪率的 VAR 方程，他们发现虽然也存在犯罪率影响警察规模的证据，但是警察规模增加和犯罪率下降存在更进一步的 Granger 因果关系。一定程度上与 Levitt(1997)的研究思路更加接近，但是同样是基于时间序列的 VAR 方法，Corman 和 Mocan(2000)的研究注意到纽约市警察雇佣的一个细节，即所有新任警察必须经过6个月的培训才能加入执法队伍，因而当月犯罪率变动对之后六个月内的警察规模将不会有影响。于是，基于非常独特的纽约市近20年的月度犯罪率和警察规模数据，Corman 和 Mocan(2000)的 VAR 估计发现警察规模上升是犯罪率下降的格兰杰原因。

尽管现今仍旧争议不断[①]，但是相比早期的犯罪威慑效应估计的文献，90年代之后基于美国面板数据和时间序列数据的一系列犯罪威慑效应的研究，确实发现了更加稳健可信的犯罪威慑证据(Levitt，2004；Levitt and Miles，2004)。而 Levitt(1996、1997、1998a 和 2002)的一系列极具创造性的研究，更是为犯罪威慑效应的估计开辟了一个崭新的研究思路。例如，基于同样的工具变量法，Di Tella 和 Schargrodsky(2004)利用阿根廷布宜诺斯艾利斯清真寺由于可能受到恐怖袭击的警察安排的外生调整，考察警察规模上升对街面盗窃与抢劫犯罪的威慑效应；最近 Lin(2009)则在 Levitt(1997)的框架里，进一步利用美国州政府消费税率的变更作为警察规模的工具变量，对警察规模的犯罪威慑效应展开了估计。和 Levitt(1997、2002)类似，他们也发现警察规模增加存在显著的犯罪威慑效应。

7.1.2 “严打”与犯罪威慑

一定意义上，本章接下来对犯罪威慑效应的估计，也是沿着 Levitt(1997)的研究思路展开，但是具体估计方法略有不同。具体来说，和 Levitt(1997)类似的是，本章的讨论同样基于公共政策创设的“自然实验”场景。

---

① 比如 McCray(2002)发现 Levitt(1997)文章的计算程序中存在异方差权重矩阵设定上的错误，并且纠正加权矩阵后，虽然警察雇佣同样存在选举周期，但是在此基础上得到的警察规模的犯罪威慑效应却明显缩小，并且在其中一些犯罪方程中还变得不再显著。Levitt(2002)的回应则指出，利用市政雇员及消防警察数量作为警察规模的代理变量，同样可以得到类似的警察规模威慑犯罪的证据。另外，在另外一篇著名的堕胎合法化与犯罪率下降的研究中，Donohue 和 Levitt(2001)也是利用类似的政府政策生成的外生“自然实验”场景构建工具变量识别犯罪供给方程。而这篇文章的发表也引发了非常大的争议，比如 Joyce(2004)、Donohue 和 Levitt(2004)。

我们利用1983年和1996年两次“严打”运动生成的执法变量的异常波动，检验我国转型期公共执法的犯罪威慑效应。但是，由于计量分析的数据样本中只涉及两次全国范围的“严打”运动；并且，除了受到“严打”运动的影响，刑事威慑变量往往也和之前的刑事犯罪率相关，因而，考虑动态因素之后，我们的面板数据的计量分析需要基于更具一般性的广义矩估计(GMM)框架。本小节接下来简单讨论“严打”运动的典型特征，并在此基础上阐述“严打”的犯罪威慑机制。有关计量分析的具体策略则留待下一节做详细说明。

肇始于1983年8月历时3年的第一次“严打”运动，对我国的刑事政策影响极为深远。此后，我国公安部又分别于1996年和2001年开展了第二次和第三次全国范围的刑事“严打”运动。虽然法理和正义维度有关“严打”合理性的争议从未停止，但是“严打”的“运动战式(campaign like)”刑事政策，却被普遍视为是中国转型期犯罪率维持较低水平的重要原因之一(Bakken,2005)。从第三章的我国转型期刑事犯罪的典型事实描绘中，我们注意到1983年和1996年的两次“严打”运动均导致犯罪率显著下降。相比“严打”之前年份，第一次“严打”运动使国家层面的总刑事犯罪率下降了将近30%，而第二次“严打”中犯罪率也下降了近10%。从犯罪威慑视角来看，主张短时间内“从严从快”打击刑事犯罪分子，以实现犯罪率下降、社会治安状况好转的“严打”运动，正是试图通过提高逮捕和惩罚概率和惩罚强度，增加犯罪的预期成本从而威慑犯罪。前者在犯罪威慑的文献中对应为公共执法规模的扩张，比如警察数量增加、破案概率或定罪概率的上升，而后者则是既定犯罪行为的惩罚强度提高，通常又称为量刑增加效应(sentence enhancement effect)(Kessler and Levitt,1999)。

“严打”运动中的“从快”惩罚方针，体现在公安、检察和法院三个原本独立互相监督的执法单位，联合办公简化逮捕、审判程序，从而逮捕和惩罚概率显著提高；“从严”则主要反映在量刑和处罚强度上的轻罪从重或从快发落。1983年9月2日全国人大常委会通过的《关于严惩严重危害社会治安的犯罪分子的决定》就明确规定流氓、抢劫、拐卖人口等犯罪，可以在刑法规定的最高刑罚以上进行惩罚，甚至可以判处死刑[①]。表7.1报告了执法变

① 有关“严打”政策的事实性介绍，可以参考浙江省各地市的公安志。“严打”“从重从快”指导方针的典型描述见诸于各省的公安志或检察志。其中，“从快”打击的事例包括1983年8月到1983年年底“死刑”核准权下方到地方法院，“死刑”执行比正常年份快许多；而“从严”打击包括对抢劫累犯或严重盗窃犯罪处以死刑。

量在两次"严打"中的异常波动,相比80年代的其他年份,1983年检察部门的同意逮捕和决定起诉的比例,分别高出将近7个百分点;同样,1996年第二次"严打"中,以上两个执法威慑变量也比正常年份高出3个百分点。以上两个方面的惩罚概率和惩罚强度的异常提高将增加犯罪分子的犯罪成本,因而犯罪率有望下降。另外,就犯罪威慑效应的估计而言,最重要的是,历次"严打"运动都是公安部统一部署,与省一级的社会治安和犯罪率情况并无直接关联。所以,从省级层面上看,历次"严打"运动均创造了异常的执法威慑变量的外生变动调整。于是,基于这种"严打"运动所生成的外生执法变量的变动,我们有望得到不受联立内生性问题困扰的犯罪威慑效应的估计。

表7.1 执法威慑变量在"严打"年份与正常年份的对比

变量	Obs	均值	标准差
(1983年)			
Arr_rate	16	0.874	0.045
Pro_rate	15	0.865	0.091
(80年代其他年份)			
Arr_rate	101	0.815	0.075
Pro_rate	101	0.800	0.069
(1996年)			
Arr_rate	15	0.865	0.058
Pro_rate	14	0.837	0.059
(除了1983年和1996年)			
Arr_rate	293	0.837	0.071
Pro_rate	274	0.805	0.079

注:数据来源和变量定义参考下一节。

7.2 计量分析策略和数据

前面一节简单回顾了犯罪经济学领域刑罚威慑效应估计文献的演进脉络,并对我国"严打"运动的犯罪威慑机制展开了讨论。由于早期研究多数基于截面数据,未能对犯罪供给函数中不可观测的异质性进行控制,而执法变量可能受到内生性问题的困扰,都使得犯罪威慑效应的估计有偏不一致。

这两个方面的问题在90年代之后基于面板数据的研究中得到了显著的改善，基于外生执法变量的调整估计犯罪威慑效应，也成为犯罪威慑定量研究的一个主流方向。和90年代之后的犯罪经济学实证研究的主流保持一致，本章接下来基于两次"严打"运动生成的外生执法变量变动，利用我国分省的面板数据对犯罪威慑效应展开计量分析。但是，和 Levitt(1997、2002)的分析思路不同，由于样本数据只包括两次"严打"运动，因而，在处理执法变量的内生性问题时，我们将主要依赖动态面板数据的广义矩估计法(GMM)，而非基于单一"严打"工具变量的2SLS估计。我们重点考察犯罪供给方程中执法变量和"严打"年份虚拟变量的符号是否与犯罪威慑模型的预测相符，前者捕捉"严打"运动的"从快"惩罚效应，而后者则主要与"从重"惩罚效应相关。作为后续计量分析的基础，本节讨论计量分析部分的研究策略和变量定义及构造。

7.2.1 计量分析策略

基于第四章的模型分析，结合犯罪经济学犯罪供给方程设定的惯例，我们利用如下对数线性模型研究我国转型期执法威慑与刑事犯罪之间的定量关系：

$$\ln(Cr_{it}) = c_1 \ln(Cr_{it-1}) + \alpha_1 \ln(P_{it}) + \alpha_2 \ln(P_{it-1}) + X'_{it}\beta + \eta_i + \varsigma_t + \varepsilon_{it} \quad (7\text{-}1)$$

其中，Cr_{it} 表示第 i 个省第 t 年的刑事犯罪率，$i=1,2,\cdots,N; t=1,2,\cdots,T$；$P_{it}$ 为执法威慑变量；X'_{it} 是控制变量向量，包括收入差距、城市化率、人均GDP；η_i 为省份虚拟变量向量，控制省份固定效应；ς_t 为年份虚拟变量向量，控制年份固定效应；ε_{it} 为误差项。考虑到地区犯罪率往往存在一定惯性(Fajnzylber et al,2002)，因而和第五章的计量分析方程的设定不同，我们在估计犯罪威慑效应时，在基准犯罪供给方程的右边加入了犯罪率的一阶滞后项，以反映犯罪问题演变的长期持续特性。另外，由于刑事犯罪率定义为每十万人口的刑事犯罪逮捕率，执法变量的构造是公安机关申请逮捕数与检察机关批准逮捕数之比。于是，如果申请逮捕数量不变，当期同意逮捕比例上升，以批准逮捕率表征的犯罪率将上升。然而，当期同意逮捕比例上升意味着执法威慑的强度提高，将有更多人被逮捕或受到刑事惩罚的概率上升，这将威慑未来的犯罪参与。基于以上考虑，我们把犯罪威慑变量的一阶滞后项加入犯罪供给方程，着重考察前一期执法威慑提高对下一期犯罪率的影响。我们预期"严打"运动当年检察部门"登记"的犯罪率将上升，而"严打"的犯罪威慑效应将体现在下一年度犯罪率的下降。由于"严打"运动期间，不仅同意逮捕率提高("从快"惩罚效应)，犯罪量刑("从严"惩罚效应)也相应增加,因而按照犯罪威慑理论的预测,除了执法威慑变量(P_{it-1}),我们预期式(7-1)中"严打"年份的虚拟变量估计系数符号也应该为负。

需要注意的是,加入两个滞后项之后,式(7-1)的设定变成一个典型的动态面板数据(DPD)模型。于是,除了一般犯罪供给模型估计中常见的不可观测的异质性(Unobserved Heterogeneity)、遗漏变量(Omitted Variable)以及执法变量和犯罪率变量的联立内生问题,估计式(7-1)的困难还在于,由于固定效应(η_i)与一阶滞后犯罪率变量(Cr_{it-1})相关,所以,普通的 OLS 估计将变得不一致,并且通常是导致向上偏误;而虽然固定效应模型的组内变化可以消除这种偏误,但是由于组内变化的滞后项与方程的残差项负相关,这意味着基于固定效应变化的估计同样将出现不一致,与 OLS 的向上偏误不同,这时的固定效应模型估计通常是带来估计系数的向下偏误(Bond,2002)。针对式(7-1)滞后项内生性问题造成的估计困难,Arellano 和 Bond(1991)提出一种新的一阶差分广义矩估计量(FD-GMM)对此加以处理,基本想法是假定式(7-1)的残差序列不相关,则一阶差分变换后滞后的水平值变量可以作为差分变量的工具变量。当样本量较大时,满足残差序列的不相关条件,则基于 FD-GMM 对式(7-1)的估计可以得到一致估计量。类似的做法,如果其他解释变量也存在内生性问题,Bond(2002)的推导表明同样可以利用该变量的滞后水平变量作为差分变量的工具变量。所以,这样一来,在处理方程(7-1)中执法变量内生性问题时,除了利用"严打"年份虚拟变量做工具变量,我们的工具变量集实际上包括了更多的水平滞后变量,因而必须注意工具变量的过度识别问题。

虽然 FD-GMM 的引入一定程度上缓解了动态方程中的滞后项内生性问题。然而,后续研究发现,当因变量序列接近单位根(unit-root)过程时(即 c_1 的估计值接近于 1),基于一阶差分广义矩估计量(FD-GMM)的估计,可能出现弱工具变量(weak IV)问题,即滞后的水平值变量与一阶差分变量仅仅是弱相关,那么有限样本情形下 FD-GMM 估计量的估计偏误将比较显著(Blundell and Bond,1998)。为了缓解 FD-GMM 可能存在的弱工具变量问题,Blundell 和 Bond(1998)建议使用一个新的系统广义矩估计量(SYS-GMM)进行估计。SYS-GMM 的基本想法是在已有的 FD-GMM 估计量的基础上,通过合理的初始条件设定,进一步添加一阶差分变量的滞后项作为水平值变量的工具变量。蒙特卡罗模拟表明,即使在有限样本情形下,SYS-GMM 的估计结果依然非常稳健(Bond et al,2001)。最后,除了借助 FD-GMM 和 SYS-GMM 估计量处理式(7-1)中滞后项及执法变量的内生性问题，就犯罪供给方程中不可观测的异质性问题，我们的做法和第五章的研究思路保持一致，即一方面通过加入更多的经济社会变量控制省份之间的异质性，同时还通过固定效应模型和一阶差分变换对不可观测但随时间恒定不变的省份异质性加以处理，考虑到时间维度上也存在异常的冲击，因而，我们也在不同模型设定中加入时间固定效应的控制。

7.2.2 变量定义和数据描述

本章实证分析将基于 1979 年到 1999 年我国 15 个省[①] 21 年一共 335 个观测值的分省面板数据。数据来源方面，本章的核心变量刑事犯罪率定义为每十万人口的刑事犯罪逮捕数和刑事犯罪起诉数；而执法威慑变量定义为公安机关提起逮捕数与检察机关批准逮捕数之比，以及公安机关移送起诉数与检察机关决定起诉数之比。以上两组变量指标的原始数据均源于各省的《检察志》或者历年的《中国检察年鉴》，而经济社会指标数据均采集自《新中国 50 年统计资料汇编》。具体变量定义和统计性状描述参见表 7.2。以下就变量定义和构造可能存在的问题略加讨论。

表 7.2 变量定义和统计描述

变量	Obs	均值	标准差	最小值	最大值
Crime1：每十万人口的刑事逮捕率	335	40.997	20.028	4.253	112.01
Crime2：每十万人口的刑事起诉率	314	39.464	18.513	3.819	93.165
Arr_rate：批准逮捕数与公安机关申请逮捕数之比	324	0.840	0.070	0.409	0.972
Pro_rate：实际起诉数与公安机关移送起诉数之比	303	0.809	0.0799	0.447	1.207
Inequality：城镇可支配收入与农村纯收入之比	335	2.292	0.577	0.976	4.356
Urban：非农业人口在总人口中的占比	335	18.089	6.973	8.833	43.135
Rgdp：人均实际 GDP(1985＝100)	335	29.964	19.404	7.489	117.16

和第五章的计量分析相似，本章的刑事犯罪率定义为每十万人口的刑事逮捕率。该变量定义可能存在两个缺陷。首先，刑事犯罪率不能对侵财犯罪和暴力犯罪进行区分，而这两种犯罪类型可能存在不同的驱动因素。其次，我们的刑事犯罪率指标可能存在显著的度量误差（Mearsurement

① 15 个省份分别是：河北、山西、吉林、江苏、安徽、福建、江西、山东、湖南、广东、广西、海南、四川、贵州、云南。

Error)。就第一个问题,Fajnzylber 等(2002)的研究指出,由于暴力犯罪通常伴随侵财目的,因而实际研究当中严格区分以上两种犯罪,其意义较为有限。另外,第三章的分析也表明,我国转型期总犯罪率中,侵财犯罪一直占据绝对的比例,并且两者的变动趋势非常一致。因而,这种情形下,将侵财犯罪独立出来估计,并无太大的必要性。就犯罪率变量存在的度量误差而言,Ehrlich(1975)曾指出,如果真实犯罪率和犯罪率指标之间存在稳定的比例关系,则对数变换可以较大程度上缓解度量误差造成的估计偏误。Levitt(1998b)的研究则进一步指出,使用报案率而不是实际犯罪发生率,对犯罪供给方程的弹性估计并无明显影响。并且在面板数据分析的情形下,只要刑事犯罪率度量误差与省份固定因素或时间维度的固定冲击相关,那么通过同时控制年份和省份固定效应,还是可以得到一致估计量。最后,为了讨论测量误差对估计结果的影响,除了使用刑事逮捕率作为自变量,我们也将刑事起诉率作为自变量代替刑事逮捕率进行回归。如果使用刑事起诉率和刑事逮捕率所得到的犯罪威慑效应的估计结果较为接近,那么这意味着我们的估计较少受到犯罪率测量误差的影响,估计结果较为稳健。

本章的核心变量执法威慑定义为公安机关的申请逮捕数与检察机关的同意逮捕数之比;而当刑事犯罪率定义为每十万人口的犯罪起诉率时,执法威慑变量的构造则相应调整为公安机关移送起诉数和实际起诉数之比。虽然犯罪威慑效应估计的文献中,更理想的刑罚威慑变量的构造选择包括:破案概率、逮捕概率、起诉概率、定罪概率、监禁概率、平均监禁时间,以及人均警察规模或者人均执法支出①,甚至许多研究中还同时控制多个执法威慑变量,比如,Marvell、Moody(1996)和 Liu(2004)。然而,由于数据来源有限,而且 80 年代政府公共执法支出数据存在重新定义和不可比因素,因此,本章的计量分析只能利用公安机关申请逮捕数与检察机关同意逮捕数之比作为刑罚执法强度的表征。

值得指出的是,同意逮捕概率上升意味着有更多犯罪分子将要进入具有惩罚性质的刑事审判程序,而这背后可能是公安机关办案效率的提高提供了更充分的证据和侦查,或者是检察机关的执法尺度趋紧,所以,这两个方面的因素实际上也反映了既定时期的刑罚执法强度。最后,正如之前的分析指出的,由于刑事犯罪率定义为每十万人口的刑事逮捕率,因而保持其他因素不变,当期的同意逮捕率上升意味着刑事逮捕率也将增加,这将威慑下一期的刑事犯罪参与,所以,我们预期当期的执法威慑变量的符号为正,

① 有关犯罪威慑效应经验研究文献的演进概貌,可以参考 Levitt 和 Miles(2004)。

而与犯罪威慑理论保持一致，执法威慑的滞后项系数将为负。但是，由于犯罪率较高的地区，地方执法部门也有更多激励提高惩罚的力度，所以，执法威慑变量和犯罪率变量之间存在典型的联立内生问题，需要引入外生工具变量对犯罪联立方程系统加以识别。

其他控制变量方面，收入差距变量反映了合法市场和非法市场的工资率差异，其定义为城镇可支配收入和农村纯收入之比。正如第五章的分析指出的，虽然基尼系数、低收入人口的占比以及收入分布的中值，都是较为理想的收入差距指标，但是在中国分省层面上，这些变量指标均没有合适的数据对应；而且，许多基于我国分省收入差距方面的研究都发现，城镇可支配收入和农村纯收入的比对分省的总体收入差距具有很好的解释力（陆铭、陈钊，2004）。因而，与收入差距方面的文献保持一致，本章也是利用城镇可支配收入和农村纯收入之比作为收入差距的代理变量。根据第四章的比较静态推导，合法市场和非法市场工资差异拉大，将激励犯罪分子在非法活动中配置更多劳动时间，从而导致犯罪率上升，所以我们预期收入差距变量的符号为正。城市化变量体现了城市化进程和人口流动对犯罪参与的影响。我们的城市化变量构造为非农业人口占总人口的比重。虽然 Chen 和 Hu（2003）曾指出，由于户籍制度的影响，基于户籍统计的非农业人口的比例构造城市化指标将显著低估，甚至扭曲我国的城市化水平。然而，1982 年人口普查的城镇人口统计口径与国际通行定义存在显著的不一致，所以和第五章的做法不同，我们没有利用普查数据构造更好的城市化指标。考虑到城市化并非本章讨论的重点，因而，和国内的定量研究文献类似，我们还是将城市化水平定义为非农业人口的比重。城市化进程加快意味着城乡之间以及不同城市之间的人口流动加快，不仅意味着犯罪的潜在收益上升，同时犯罪被发现的概率也将下降（Glaeser and Sacerdote，1999），因而我们预期城市化变量将与犯罪率正相关。最后，人均实际 GDP 水平上升，平均收入水平倾向于增加，但是按照第四章的推理这也意味着相对收入差距不变，绝对收入差距在拉大，所以综合起来人均 GDP 水平上升对犯罪率的影响并不确定。

7.3 计量分析结果

在详细报告计量分析结果之前，以下几点值得进一步说明。首先，Judson 和 Owen（1996）曾指出，和基于微观层面企业普查的大容量面板数据的 GMM 估计不同，宏观的面板数据通常观测点（N）较为有限，而观测时期（T）相对较长，此时不同的 GMM 估计量将随着观测点和时期长度不同，估计的偏误程度各有差异。因而,比较合理的做法是同时报告不同 GMM 估计量的估计结果,并与 OLS 和固定效应模型的估计进行比较分析。所以,以下计量分析结果我们将同时报告并对比不同模型的估计。其次,在一阶差分广义矩估计(FD-GMM)和系统广义矩估计(SYS-GMM)的实际操作中,为了获得最优估计量一般可以进行两步法(two-step)估计,但是 Bond (2002)指出,许多时候两步法(two-step)的统计量相对一步法的估计边际改进非常有限,而且样本较小时两步法的估计偏误显著高于一步法。基于这种考虑,以下计量分析只报告 FD-GMM 和 SYS-GMM 的一步法的估计结果。再次,正如之前的分析指出的,不仅分省地区维度存在异质性,就我国犯罪率的变动情况而言,时间维度的异常冲击同样不容忽视;因而,在没有控制所有年份虚拟变量的模型估计中,我们加入可能导致犯罪率异常波动的部分年份虚拟变量,比如,第一次"严打"的 1983 年到 1986 年,第二次"严打"的 1996 年和 1997 年,同时也加入 1988 年和 1992 年虚拟变量,前者体现公安部纠正立案不实整改对犯罪立案的影响,后者则捕捉盗窃犯罪重新定义导致总犯罪率的异常下降。最后,我们也尝试利用年份趋势变量代替年份虚拟变量,以检验回归结果的稳健性。详细的计量分析结果报告在表 7.3 中。

表 7.3　执法威慑与刑事犯罪的 GMM 估计

VARIABLES	(1)	(2)	(3)	(4)	(5)	(6)	(7)	(8)	(9)	(10)	(11)	(12)
	ln(Crime1)										ln(Crime2)	
	OLS	OLS	OLS	OLS	FE	FE	FD-GMM	FD-GMM	FD-GMM	SYS-GMM	FD-GMM	SYS-GMM
L. Ln(Crime)	0.558***	0.525***	0.663***	0.817***	0.444***	0.510***	0.456***	0.511***	0.522***	0.685***	0.363***	0.563***
	(0.038)	(0.038)	(0.035)	(0.032)	(0.041)	(0.055)	(0.038)	(0.071)	(0.052)	(0.042)	(0.065)	(0.052)
Ln(arr_rate)	1.680***	1.596***	0.665***	0.625***	0.840***	0.726***	1.480***	1.250***	1.235***	1.165***	0.543***	0.414***
	(0.493)	(0.477)	(0.249)	(0.214)	(0.237)	(0.223)	(0.196)	(0.183)	(0.172)	(0.177)	(0.155)	(0.154)
L. Ln(arr_rate)	−0.956**	−0.854**	−0.764***	−0.760***	−0.271	−0.181	−0.700***	−0.498*	−0.494***	−0.664***	−0.388**	−0.523***
	(0.374)	(0.363)	(0.191)	(0.244)	(0.174)	(0.171)	(0.192)	(0.297)	(0.173)	(0.157)	(0.154)	(0.148)
Inequality		0.238**	0.288***	0.119*	0.170**	0.084	0.144*	0.097	0.130	0.109	0.214	0.267**
		(0.118)	(0.067)	(0.067)	(0.086)	(0.129)	(0.082)	(0.086)	(0.111)	(0.093)	(0.143)	(0.110)
rGDP		−0.054	−0.009	−0.000	0.201***	0.246**	0.174***	0.283*	0.297***	0.054	0.410***	0.022
		(0.054)	(0.031)	(0.037)	(0.048)	(0.095)	(0.058)	(0.146)	(0.098)	(0.051)	(0.143)	(0.077)
Urban		0.134	0.133**	0.026	0.005	−0.034	0.095	0.063	0.046	0.367***	0.258	0.501***
		(0.115)	(0.056)	(0.054)	(0.124)	(0.112)	(0.161)	(0.151)	(0.138)	(0.082)	(0.191)	(0.110)
y83			1.141***	0.787***	1.114***	0.966***	1.090***	1.229***	0.967***	1.171***	0.673***	0.880***
			(0.047)	(0.093)	(0.052)	(0.095)	(0.044)	(0.209)	(0.050)	(0.045)	(0.089)	(0.065)
y84			−0.368***	−0.924***	−0.146*	−0.398***	−0.099	−0.077	−0.357***	−0.374***	−0.008	−0.047
			(0.075)	(0.129)	(0.078)	(0.150)	(0.061)	(0.224)	(0.088)	(0.064)	(0.105)	(0.075)
y85			−0.495***	−0.904***	−0.395***	−0.583***	−0.390***	−0.309*	−0.583***	−0.482***	−0.852***	−0.664***
			(0.049)	(0.104)	(0.043)	(0.107)	(0.045)	(0.169)	(0.065)	(0.044)	(0.132)	(0.061)
y86			−0.059	−0.374***	−0.071*	−0.220**	−0.049	0.055	−0.217***	−0.032	−0.469***	−0.146***
			(0.042)	(0.087)	(0.036)	(0.088)	(0.041)	(0.162)	(0.065)	(0.041)	(0.121)	(0.052)

续 表

VARIABLES	(1)	(2)	(3)	(4)	(5)	(6)	(7)	(8)	(9)	(10)	(11)	(12)
	ln(Crime1)										ln(Crime2)	
	OLS	OLS	OLS	OLS	FE	FE	FD-GMM	FD-GMM	FD-GMM	SYS-GMM	FD-GMM	SYS-GMM
y96			0.144***	−0.225**	0.121***	−0.078	0.122***	0.124***	−0.167	0.047	−0.247	0.068
			(0.045)	(0.104)	(0.037)	(0.147)	(0.040)	(0.046)	(0.136)	(0.037)	(0.180)	(0.054)
y97			−0.249***	−0.642***	−0.248***	−0.462***	−0.255***	−0.273***	−0.566***	−0.378***	−0.707***	−0.459***
			(0.041)	(0.119)	(0.046)	(0.165)	(0.043)	(0.044)	(0.146)	(0.039)	(0.191)	(0.191)
Constant	1.777***	1.504***	0.679***	1.666***	1.328***	1.292***						
	(0.163)	(0.325)	(0.147)	(0.279)	(0.222)	(0.339)						
Year Fix	No	No	No	Yes	No	Yes	No	Yes	Yes	Yes	Yes	Yes
Province Fix	No	No	No	No	Yes	Yes						
AR(1)							0.000		0.000		0.000	
AR(2)							0.413		0.803		0.006	
Sargan Test							0.535	Robust	0.493	0.977	0.458	0.729
Observations	304	304	304	304	304	304	284	284	268	304	250	284
R-squared	0.459	0.471	0.868	0.903	0.872	0.899						
Number of id					16	16	16	16	16	16	15	15

注：(1)第(1)列到第(4)列为混合 OLS 的估计结果，第(5)列和第(6)列报告了固定效应模型的估计结果，剩余各列均是 GMM 的估计结果；其中，第(1)列到第(10)列模型的自变量为每十万人口的刑事逮捕率，威慑变量为同意逮捕比例，而最后两列模型的自变量变为每十万人口的刑事起诉率，相应的威慑变量为决定起诉的比例；(2)除了第(7)、(9)和(11)列中，估计系数的标准差未经异常差调整，所有其他列估计系数下方括号中均报告的是异方差稳健的 t 统计值，“***”、“**”、“*”依次代表 1%、5%和 10%的置信水平；(3)Year Fix 为年份虚拟变量控制，Province Fix 代表省份虚拟变量控制，在没有控制所有年份虚拟变量的回归设定中，除了“严打”年份虚拟变量，我们也加入诸如 1988 年和 1992 年虚拟变量以体现时间维度的犯罪率异常调整；(4)AR(1)和 AR(2)分别报告的是残差序列的一阶和二阶自相关检验的 p 统计值，GMM 估计要求变量不存在二阶序列相关，而一阶序列相关并不影响 GMM 估计的有效性；Sargan Test 报告的是工具变量的过度识别检验的 p 统计值，其原假设是工具变量有效。

表 7.3 第(1)列到第(10)列从左到右依次报告了 OLS、FE(固定效应模型)以及 GMM(广义矩估计)的估计结果,最后两列的方程设定则考虑了刑事犯罪率变量可能存在度量误差,于是,我们使用刑事起诉率作为自变量检验犯罪率度量误差的影响。就 OLS 的估计结果而言,首先,第(1)列到第(4)列显示,所有变量的系数符号与我们的预期保持一致,并且绝大多数变量系数均在 5%的置信水平上保持显著。其中,刑事犯罪率存在显著的滞后效应,而当期执法威慑强度的提高确实导致下一期的犯罪率下降;而且,执法威慑效应(arr_rate)的弹性值也分布在 Levitt(2002)总结的合理的估计区间(−0.3,−1)之内。其次,两次"严打"运动也都显著威慑了犯罪参与,第一次"严打"的 1984 年、1985 年和 1986 年,以及第二次"严打"的 1997 年的年份虚拟变量均显著为负。由于我们的方程设定中已经控制了执法威慑变量,即"从快" 惩罚效应,因而,显著为负的"严打"年份虚拟变量意味着,"严打"运动中"从严"惩罚也威慑犯罪分子减少犯罪参与。另外,前面两列和第(3)、(4)列估计结果的对比显示,忽略时间维度上的异常冲击,犯罪威慑效应均可能被高估。最后,和第五章的计量分析结论保持一致,收入差距扩大和城市化进程加快均导致犯罪率上升。

虽然,加入更多控制变量和时间维度的控制之后,犯罪供给方程估计中不可观测的异质性因素有所缓解,但是,忽略省份维度的固定效应,同样可能导致估计结果有偏。表 7.3 的第(5)列和第(6)列分别报告了控制异常冲击年份和控制所有年份虚拟变量的固定效应模型的估计结果。这样一来,第(5)列和第(6)的估计结果分别与 OLS 估计的第(3)列和第(4)列形成对比。值得注意的是,虽然大多数变量的估计系数的符号仍旧和我们的预期保持一致,但是,我们关心的执法威慑变量(arr_rate)前面的系数却显著下降,分别从之前的−0.764 和−0.760 下降到−0.271 和−0.181,而且变得不再显著;另外,其他控制变量的估计系数也均有不同程度的下降。以上 OLS 估计和固定效应模型(FE)估计的差异表明,第一,即使控制了时间维度的异常冲击,忽略省份维度的固定效应确实同样将导致犯罪供给方程的估计结果有偏误;第二,和我们之前的讨论保持一致,加入犯罪率变量和执法变量的一阶滞后之后,由于滞后项与残差项相关,OLS 的估计结果倾向于高估,而固定效应模型则是低估了犯罪威慑效应。因而,为了得到更加理想的犯罪威慑效应的估计,我们有必要利用 GMM 估计方法对犯罪率滞后项和执法变量的内生性问题加以处理。

表 7.3 的第(7)列到第(9)列分别报告了不同方程设定的一阶差分广义矩估计(FD-GMM)的估计结果,而第(10)列则根据 Blundell 和 Bond

(1998)的建议,利用系统广义矩估计量(SYS-GMM)对一阶差分估计的广义矩估计做了补充。其中,第(7)列是控制部分异常年份虚拟变量的估计结果,第(8)列则是控制了所有年份虚拟变量;第(8)列和第(9)列的区别是估计系数的标准差均是经过异方差稳健性调整的结果。首先,值得注意的是,在以上三个估计设定中,犯罪威慑效应(arr_rate)的估计系数相比固定效应模型的估计均有明显提高,从原来的－0.271和－0.181分别上升到－0.700和－0.494;并且,除了第(8)列中系数在10%的置信水平上保持显著,其余所有设定中犯罪威慑效应的估计系数均在1%的置信水平上维持显著。进一步,和第(3)列和第(4)列的OLS估计结果对比,FD-GMM的估计中,犯罪威慑效应的系数均小于相应的OLS估计,这意味着与Bond(2002)有关FD-GMM估计的稳健性的简单判断法则相一致,即由于变量存在内生问题,OLS的估计倾向于向上偏误,固定效应模型的估计则向下偏误,二者分别为FD-GMM估计设定了上下界。因而,以上对比结果也表明,虽然样本量较小,但是以上基于FD-GMM估计量的犯罪威慑效应的估计有其合理之处。同样,由于我们的估计已经考虑了执法变量的“内生性”问题,所以“严打”年份虚拟变量体现的是“严打”的“从重”惩罚威慑效应。

相比基于FD-GMM的估计,第(10)列添加更多工具变量的SYS-GMM估计中,执法威慑变量的一阶滞后效应系数略有提高,但是符号和显著程度均与第(9)列的估计结果非常一致,这意味着之前的FD-GMM的估计小样本带来的偏误并非明显。另外,不论是FD-GMM的估计还是SYS-GMM的估计,残差序列的一阶自相关检验和二阶自相关检验,以及工具变量的过度识别检验结果都表明第(7)列到第(10)列的GMM估计合理有效。最后,考虑到犯罪率变量可能存在度量误差,我们在第(11)和第(12)列分别报告了利用刑事起诉率作为自变量的GMM估计结果。虽然,第(11)列的FD-GMM估计没有通过残差序列的二阶自相关检验,但是,令我们感到放心的是,最后两列中执法威慑效应的估计系数的大小及显著性与之前GMM的估计非常接近,同时其余控制变量的估计结果也几乎相同。这个结果也说明我们的犯罪威慑效应估计比较稳健,较少受到犯罪率度量误差的影响。

一般认为样本量较为有限时,SYS-GMM的表现要优于FD-GMM(Bond,2002)。因而,以下我们基于表7.3第(10)列,对犯罪威慑效应的估计结果略作讨论。首先,和Marvell和Moody(1996)或者Levitt(1997)的估计相比,我们所估计的执法威慑弹性(－0.664)略低于他们的侵财犯罪的估计(－0.9左右),但是显著高于其暴力犯罪的执法威慑弹性(－0.1到

-0.3)。结合表7.1的统计值，第一次“严打”运动中，1983年的同意逮捕率平均比正常年份高出将近7%，按照我们的犯罪威慑弹性估计，这个异常的执法强度上升，导致1984年犯罪率下降了近4.6%。另外，除了“从快”惩罚所带来的犯罪威慑，第一次“严打”中1984年、1985年和1986年的年份虚拟变量的系数均为负，并且前面两年的系数均在1%的置信水平上保持显著；同时第二次“严打”中，1997年的年份虚拟变量同样也显著为负，这说明控制“从快”惩罚威慑效应之后，“严打”运动中“从重”惩罚也带来犯罪率的显著下降。最后，虽然不少控制变量前面的估计系数均不显著，但是所估计的弹性和符号基本都与我们之前章节的计量分析比较一致。同时，由于其余控制变量并非本章讨论的核心，因而此处不再进一步展开。

7.4 本章小结

犯罪威慑效应的估计是犯罪经济学研究的一个核心问题，其重要意义在于揭示犯罪分子是否理性地响应约束条件的调整。然而，由于犯罪率较高的地方，执法投入的边际产出相应增加，这将激励地方政府增加执法方面的投入。于是，犯罪率与执法投入之间典型的联立内生关系，将使得直接估计执法威慑变量与犯罪率出现典型的联立性偏误。沿着Levitt(1997)的研究进路，本章利用两次“严打”运动生成的外生执法变量的变动调整，估计我国转型期公共执法的威慑效应。基于更具一般性的动态面板数据的GMM估计方法，我们的估计结果表明：第一，由于滞后项变量的内生性问题，以及执法变量存在内生性的困扰，OLS估计和固定效应模型的估计均导致犯罪威慑效应的估计出现偏误，其中前者倾向于高估威慑效应，而后者倾向于低估犯罪威慑的影响；第二，和主流的犯罪威慑弹性的估计结果比较接近，我们基于一阶差分广义矩估计(FD-GMM)和系统广义矩估计(SYS-GMM)方法得出的犯罪威慑弹性大致分布在-0.44到-0.66之间；第三，我们的估计结果略高于Levitt(1997)的暴力犯罪的估计值，但是低于其侵财犯罪的估计，同时GMM估计的相关稳健性检验表明，以上估计结果也较少受到执法变量内生性问题和犯罪率变量度量误差的影响；第四，不仅惩罚概率提高，即“严打”运动中的“从快”惩罚效应可以威慑犯罪，量刑的突然增加即“从严”惩罚同样也导致犯罪率的显著下降。相比国家层级时间序列数据的犯罪威慑效应估计，基于我国分省面板数据的估计通过同时控制了时间固定效应和省份固定效应，使得估计结果较少受到犯罪供给方程中不可观测的异质性的困扰，因而估计结果也更加稳健。

8　结论及后续研究展望

30 年的改革开放，我国的经济建设取得了举世瞩目的成就，人民生活水平持续提高。快速的经济增长带动了远比经济增长本身更为复杂的经济社会的迅速转型，相应的也涌现了许多转型期特有的阶段性现象，有待进一步理解和解释。本书研究关注我国转型期犯罪率的持续攀升及其背后的影响因素，并将其置于经典犯罪经济学的研究框架下加以分析讨论，以期为理解我国转型期的犯罪现象和进一步的犯罪治理构成一定的启发。在第二章和第三章文献梳理和典型事实描绘的基础上，第四章承袭 Becker(1968)和 Ehrlich(1973)开创的犯罪劳动时间配置模型，推导了收入差距、刑罚威慑以及发展过程中的城市化变量对犯罪参与的比较静态，后续三章则分别利用我国分省面板数据和国家层级的时间序列数据，对收入差距和刑罚威慑变量对犯罪率的影响展开了详细的定量研究，同时对犯罪供给方程的估计可能存在的困难做了充分的讨论。作为全书的终章，本章总结本书研究的主要发现，同时指出研究存在的不足之处，以及后续有待进一步深入的研究理路。

8.1　本书的主要结论

综合起来，本书实证研究的发现包括以下几个方面。

第一，我国转型期相对收入差距扩大和绝对收入差距扩大，共同导致刑事犯罪率的持续攀升。由于历次“严打”运动、1992 年盗窃犯罪统计标准变更，以及我国分省层面上存在巨大的经济文化差异，而这些不可观测的异质性可能又与犯罪参与相关，所以，不论单独控制省份固定效应还是时间维度的固定效应，都将导致收入差距对刑事犯罪参与的影响被显著低估。基于 1988 年到 2007 年的分省面板数据，同时控制省份固定效应和年份固定效应，并加入相关控制变量以缓解犯罪供给方程中不可观测的异质性问题之后，我们的固定效应模型的估计结果表明，相对收入差距每扩大 1%，刑事犯罪率平均上升 0.34%到 0.45%；而绝对收入差距对刑事犯罪率的弹性至少为 0.37 到 0.52。进一步的稳健性分析显示，以上估计在一系列方程设定中均保持稳健，也较少受到刑事犯罪率度量误差和执法变量内生性问题的影响。

第二，除了传统犯罪经济学理论强调的收入差距因素，经济发展的过程变量对我国转型期犯罪率动态演变的影响同样不容忽视。具体来说，一方面城乡之间广泛存在的收入差距吸引更多人口往城市部门迁移，和城市犯罪经济学模型的预测一致，潜在犯罪获利机会的聚集，激励犯罪分子增加非法劳动中的时间配置，更多劳动者加入非法劳动市场的供给，因而，城市化进程提高犯罪率上升；但另一方面随着城市化进程的加快，外来劳动人口慢慢被本地城市部门吸收，于是，城市化进程中人口的平均收入水平提高收入差距改善，将降低犯罪参与的激励。我们的实证研究指出，即使同时控制时间固定效应和省份固定效应，忽视第二种城市化效应同样导致城市化对犯罪参与的影响被低估，并且无法更好地认识发展中国家经济转型过程中，城市化进程对犯罪率变化的动态影响。同样是基于 1988 年到 2004 年的分省面板数据的固定效应模型分析，我们的估计发现城市化水平大约在 50%之前时第一种城市化的犯罪率增加效应占优，而当城市化水平超过 50%之后，城市化进程中的后一种效应开始发挥影响。以上估计在三种不同城市化指标的设定中均保持稳健，这意味着基于发展中国家样本的犯罪供给方程的估计，如果未加入城市化变量的二次项，很可能导致城市化效应的估计结果有偏误。

第三，收入差距及犯罪威慑变量对不同犯罪类型的长短期影响存在差异。基于 1981 年到 2007 年国家层级时间序列的协整分析，我们发现盗窃犯罪、侵财犯罪和总犯罪率与收入差距及犯罪威慑变量存在长期协整关系，相反抢劫、伤害以及暴力犯罪序列与以上两个变量则不存在长期协整关系。通过建立误差自修正模型（ECM），第六章的协整分析结果显示，收入差距与刑事犯罪破案率对盗窃犯罪、侵财犯罪及总刑事犯罪率的长期弹性，大约分布在 1.88 到 2.13 和－0.93 到－1.14 之间。该估计结果与 Marvell 和 Moody(1996)，以及 Corman 和 Mocan(2000)的估计均较为接近。以上三个犯罪率序列协整系统的估计结果非常接近也意味着，我们的协整分析较少受到犯罪率变量测定性误差的影响。再者，基于 ECM 系统的短期分析表明，虽然短期内收入差距扩大犯罪率可能没有立即上升，但是由于二者之间存在长期均衡关系，所以短期内偏低的犯罪率将逐渐被修正到长期均衡水平。从犯罪治理的角度看，以上估计也意味着犯罪率的长期下降将有赖于低收入群体生存条件的持续改善。最后，由于协整系统中所有变量均被视为内生变量，因而即使刑罚威慑变量存在内生性问题，以上估计同样是一致估计。

最后，不论犯罪经济学理性选择框架的基础，还是犯罪治理的公共政策的制定，执法威慑效应的估计都异常关键。然而，由于执法变量与犯罪率之间存在典型的联立内生问题，因而直接回归执法变量和犯罪率关系将使得估计结果有偏。一定程度上，和 Levitt(1997)的工具变量研究思路类似，第七章同样在公共政策生成的“自然实验”场景里，讨论执法变量的威慑效应，尝试对前面两章实证研究未有涉及的犯罪威慑问题作出补充。具体来说，我们注意到相比非“严打”年份，“严打”期间惩罚概率(“从快”)和惩罚强度(“从严”)均异常增加。由于 1983 年和 1996 年的两次“严打”运动均是公安部统一部署，和省级层面的犯罪率并无直接关联，因而，两次“严打”运动为执法变量提供了恰当的外生变动。但是，和 Levitt(1997)的估计方法略有不同，基于我国 1979 年到 1999 年的分省面板数据，我们利用广义矩估计方法(GMM)估计了一个动态犯罪供给方程，我们的估计发现当期惩罚概率上升将威慑下一期的犯罪参与，犯罪威慑弹性大致分布在－0.446 到－0.70之间；另外，由于我们的估计控制了惩罚概率，所以“严打”年份虚拟变量显著为负意味着惩罚强度增加同样存在犯罪威慑效应。以上犯罪威慑弹性略小于 Levitt(1997、2002)估计的警察规模对侵财犯罪的威慑弹性，但是大于其暴力犯罪的威慑弹性，同时与 Marvell 和 Moody(1996)的估计结果也较为接近，这在一定程度上肯定了我们的估计较为合理。

20 世纪 90 年代以来，发展中国家经济发展和社会转型过程中刑事犯罪率的异常攀升，开始逐步受到发展经济学家们的普遍重视。然而，我国改革开放以来刑事犯罪率的持续上升，却没有引起国际学界应有的关注。国内研究方面，胡联合和胡鞍钢(2005)、白雪梅和王少谨(2006)、黄少安和陈屹立(2006)、陈屹立和张卫国(2008)以及陈刚等(2009)的研究，均基于国家层面的时间序列数据对此主题做了一定的努力。然而，正如之前分析指出的，由于历次“严打”运动和 1992 年盗窃犯罪立案标准的调整，国家层级的犯罪时间序列数据可能存在结构性变化，因而以上研究结论的稳健性值得进一步讨论。与此不同，本书的实证研究选取中国分省面板数据，对我国转型期收入差距与刑事犯罪的关系，展开详细的计量分析。相比时间序列的研究，分省面板数据不仅样本量大大扩展，而且可以通过分别控制分省固定效应和时间固定效应，并控制更多的控制变量进行估计对比，这样一来，犯罪供给方程估计中常见的不可观测的异质性、遗漏变量等问题均得到极大的缓解，估计结果的稳健性显著提高。另外，相比国际犯罪经济学文献的国别比较研究普遍受到犯罪率定义不可比等困扰，中国分省广泛存在的经济社会条件差异，但又共享相对一致的司法体系，因而我们以上估计也为犯罪经济学研究提供了来自发展中国家的新证据。

8.2 存在的不足及后续研究展望

尽管相比国内已有基于国家层级的犯罪时间序列的研究，本书在定量分析方面事实上已经构成了显著的补充和发展，同时也为理解我国转型期刑事犯罪率的动态演变增加了一定的边际知识。但是，一定程度上由于犯罪问题自身的复杂性，本研究许多时候更应该被视为更庞大的"理解我国转型期犯罪率动态变迁"这个大主题的一个不成熟的研究起点。所以，这个意义上，不论研究方法还是研究具体内容的设定上，本书研究都存在一些明显的缺憾和不足，有待后续研究做进一步的补充和推进。

首先，从研究内容上看，本书就收入差距扩大对犯罪参与和犯罪率攀升所做的计量分析，只是考虑了宏观加总维度的经济社会变量变动对犯罪率的影响，相反，对二者关系在微观层面的传导机制及相关经验证据缺乏更详细的展开。并且，从犯罪治理的研究视角看，不同的微观传导机制将对应截然有异的政策设计；而正如许多犯罪公共政策方面的研究指出的，不同的政策设计存在完全不同的经济福利影响。因而，后续研究很有必要对收入差距影响犯罪率的微观劳动力市场传导机制做深入的分析，同时在此框架下考察并估计不同的政府公共政策，对犯罪参与及社会福利的差异性影响也显得极为重要关键。

其次，模型建构方面，虽然第四章的理论模型推导中，我们已经试图在Ehrlich(1973)的犯罪时间配置框架以及Chiu和Madden(1998)的宏观犯罪模型的基础上，补充讨论了经济发展的城市化变量对犯罪参与的影响。但是，很显然我们这种讨论，并没有充分挖掘转型经济系统中其他一些与犯罪相关的关键特征。而这一点对从理论上理解发展中国家犯罪问题与发达国家犯罪问题的差别可能尤其重要。另外，一定程度上也是受到Block和Heineke(1975)论断的影响，由于本书的研究重点在于利用我国的分省面板数据，对不同的犯罪经济学假说展开计量分析。因而，理论分析方面，我们同样明显忽略了20世纪90年代以来犯罪经济学一般均衡建模方面的研究进展。所以，犯罪经济学模型建构方面，以上两个维度的结合，也是未来研究中非常值得跟进尝试的方向。

再次，相比国家层级的时间序列的计量研究，本书基于分省面板数据的计量分析为犯罪经济学假说的检验提供了更加丰富的细节，同时也可以容纳更多的变量控制以缓解犯罪供给方程中常见的遗漏变量及不可观测的异质性问题。但是,和发达国家样本相比,分省层面的数据加总层次可能还是略显粗糙。另外,除了第六章基于国家层级数据的协整分析,其余两章实证研究部分的犯罪率定义,均不能对不同犯罪种类加以区分。然而,几乎所有研究都发现,不同犯罪类型对激励约束条件变化的调整存在差异。所以,未来的研究中,积累更低加总层次的观测点的不同犯罪类型数据,并在此基础上对本书讨论的一系列犯罪经济学假说作进一步的检验,同样是值得完善的研究方向。

参考文献

英文部分

[1] Allan, E. A. and D. J. Steffensmeier. Youth, Underemployment, and Property Crime: Differential Effects of Job Availability and Job Quality on Juvenile and Young Adult Arrest Rates. *American Sociological Review*, 1989, 54(1): 107-123.

[2] Allen, R. C. Socioeconomic Conditions and Property Crime: A Comprehensive Review and Test of the Professional Literature. *American Journal of Economics and Sociology*, 1996, 55 (3): 293-308.

[3] Alberto Alesina, Roberto Perotti. Income Distribution, Political Instability, and Investment. NBER Working Paper, 1993, 4486.

[4] Arellano and Bond. Some Tests of Specification for Panel Data: Monte Carlo Evidence and an Application to Employment Equations. *Review of Economic Studies*, 1991, 58: 277-297.

[5] Beccaria, Cesare. (1764). *On Crimes and Punishments*. (Trans.) Henry Paolucci. Englewood Cliffs, New Jersey: Prentice Hall, 1963.

[6] Bakken Borge. Crime, Control and Modernity in China. in Crime, Punishment and Policing in China, Rowman & Littlefield Publishers, Inc., 2005.

[7] Bakken Borge. Comparative Perspectives on Crime in China, in Crime, Punishment and Policing in China, Rowman & Littlefield Publishers, Inc., 2005.

[8] Becker, G. S. Crime and Punishment: An Economic Approach. *The Journal of Political Economy*, 1968, 76 (2): 169-217.

[9] Behrman J. R. and Craig S. G. The Distribution of Public Services: An Exploration of Local Governmental Preferences. *The American Economic Review*, 1987, 77(1): 37-49.

[10] Becker, G. S. *A Treatise on the Family*. Harvard University Press, 1991.

[11] Benoit, J. and Osborne, M. Crime, Punishment and Social Expenditure. *Journal of Institutional and Theoretical Economics*, 1995, 151:326-347.

[12] Bentham, J. *Theory of Legislation*. Harcourt Brace, 1931.

[13] Bennett, R. R. Development and Crime: A Cross-National, Time-Series Analysis of Competing Models. *The Sociological Quarterly*, 1991, 32 (3): 343-363.

[14] Benson, B. L. et al. Estimating Deterrence Effects: A Public Choice Perspective on the Economics of Crime Literature. *Southern Economic Journal*, 1994, 61(1): 161-168.

[15] Berk, R. A. et al. Crime and Poverty: Some Experimental Evidence From Ex-Offenders. *American Sociological Review*, 1980, 45(5): 766-786.

[16] Blau, J. R. and P. M. Blau. The Cost of Inequality: Metropolitan Structure and Violent Crime. *American Sociological Review*, 1982, 47(1): 114-129.

[17] Block, M. K. and R. C. Lind. Crime and Punishment Reconsidered. *The Journal of Legal Studies*, 1975, 4(1): 241-247.

[18] Block, M. and Heineke, J. A Labor Theoretic Analysis of Criminal Choice. *American Economic Review*, 1975, 65:314-325.

[19] Blundell and Bond. Initial Conditions and Moment Restrictions in Dynamic Panel Data Models. *Journal of Econometrics*, 1998, 87: 115-143.

[20] Bond S. R.. Danymic Panel Data Models: A Guide to Micro Data Methods and Practice. Cemmap Working Paper, CWP 2009/02.

[21] Bond S. R., Anke Hoeffler and Jonathan Temple. GMM Estimation of Empirical Growth Models. Centre for Economic Policy Research, Discussion Paper, No. 3048.

[22] Bourguignon, F. Crime as a Social Cost of Poverty and Inequality: A Review Focusing on Developing Countries. World Bank, Washington, Mimeo, 1998.

[23] Bourguignon, F. Crime, Violence, and Inequitable Development.

Annual World Bank Conference on Development Economics, edited by B. Pleskovic and J. Stiglitz, Washington, DC: The World Bank, 2000.

[24] Bourguignon, F. et al. What Part of The Income Distribution Matters for Explaining Property Crime? The Case of Colombia. CEDE Working Paper, 2003/07.

[25] Braithwaite, J. and Braithwaite, V. The Effect of Income Inequality and Social Democracy on Homicide. *British Journal of Criminology*, 1980, 20:45-53.

[26] Britt,C. L. Crime and Unemployment among Youths in the United States, 1958—1990: A Time Series Analysis. *American Journal of Economics and Sociology*, 1994, 53(1): 99-109.

[27] Brush, J. Does Income Inequality Lead to More Crime? A Comparison of Cross-sectional and Time-series Analyses of United States Counties. *Economics Letters*, 2007, 96(2): 264-268.

[28] Bruce M. A. Inequality and Delinquency: Sorting Out Some Class and Race Effects. *Race and Society*. 2000, 2(2): 133-148.

[29] Burdett, K., R. Lagos, et al. Crime, Inequality, and Unemployment. *The American Economic Review*, 2003, 93(5): 1764-1777.

[30] Burdett, K., R. Lagos, et al. An On-the-Job Search Model of Crime, Inequality, and Unemployment. *International Economic Review*, 2004, 45(3).

[31] Cameron. The Economics of Crime Deterrence: A Survey of Theory and Evidence. *Kyklos*,1988, 41: 301-323.

[32] Carroll and Jackson. Inequality, Opportunity and Crime Rates in Central Cities. *Criminology*, 1983, 21: 178-194.

[33] Cerro, Ana M. and Osvaldo Meloni. Determinants of the Crime Rate in Argentina during the 90s. *Estudios de Economia*, 2000, 27(2): 297-311.

[34] Chan, Kam Wing. Rural-urban Migration in China, 1950—1982: Estimates and Analysis. *Urban Geography*, 1988, 9(1): 53-84.

[35] Chan, Kam Wing. Urbanization and Rural-urban Migration in China since 1982: A New Baseline. *Modern China*, 1994, 20(2):

243-281.

[36] Chan, Kam Wing and Ying Hu. Urbanization in China in the 1990s: New Definition, Different Series, and Revised Trends. *The China Review*, 2003,3(2): 49-71.

[37] Chan, Kam Wing and Li Zhang. The Hukou System and Rural-urban Migration: Processes and Changes. *The China Quarterly*, 1999, 160(1): 818-855.

[38] Chen Jiandong et al . A Review of the Chinese Gini Coefficient from 1978 to 2005. 2008, http://ssrn.com/abstract=1328998.

[39] Clelland,D. and Carter, T. J. The New Myth of Class and Crime. *Criminology*,1980, 18:319-336.

[40] Chien-Chieh Huang, Derek Laing and Ping Wang. Crime and Poverty: A Search-Theoretic Approach. *International Economic Review*, 2004, 45:909-938.

[41] Chiricos, T. G. Rates of Crime and Unemployment: An Analysis of Aggregate Research Evidence. *Social Problems*, 1987, 34(2): 187-212.

[42] Chiu, W. H. and P. Madden. Burglary and income inequality. *Journal of Public Economics*, 1998, 69(1): 123-141.

[43] Choe, J. Income inequality and crime in the United States. *Economics Letters*, 2008, 101:31-33.

[44] Clotfelter, C. T. Public Services, Private Substitutes, and the Demand for Protection against Crime. *The American Economic Review*, 1977, 67(5): 867-877.

[45] Cornwell,C. and Trumbull, W. Estimating the Economic Model of Crime with Panel Data. *Review of Economics and Statistics*, 1994, 76:1-7.

[46] Corman, H. and H. N. Mocan. A Time-Series Analysis of Crime, Deterrence, and Drug Abuse in New York City. *The American Economic Review*, 2000, 90(3): 584-604.

[47] Davis, M. L. Time and Punishment: An Intertemporal Model of Crime. *The Journal of Political Economy*, 1988, 96(2): 383-390.

[48] Demombynes, G. andB. Ozler. Crime and Local Inequality in South Africa. *Journal of Development Economics*, 2005, 76(2): 265-292.

[49] Deutsch, Joseph, Spiegel, Uriel and Templeman, J. Crime and Income Inequality: An Economic Approach. *Atlantic Economic Journal*, 1992, 201: 46-54.

[50] DiIulio, J. J., Jr. Help Wanted: Economists, Crime and Public Policy. *The Journal of Economic Perspectives*, 1996, 10(1): 3-24.

[51] Donohue, J. J. and S. D. Levitt. The Impact of Legalized Abortion on Crime. *The Quarterly Journal of Economics*, 2001, 116(2): 379-420.

[52] Donohue, J. J. and P. Siegelman. Allocating Resources among Prisons and Social Programs in the Battle against Crime. *The Journal of Legal Studies*, 1998, 27(1): 1-43.

[53] Doyle, J. M., E. Ahmed, et al. The Effects of Labor Markets and Income Inequality on Crime: Evidence from Panel Data. *Southern Economic Journal*, 1999, 65(4): 717-738.

[54] Durkheim, Emile. The Division of Labor in Society. The Free Press, New York, 1964.

[55] Edmark K. Unemployment and Crime: Is There a Connection?. *Scan. J. of Economics*, 2005, 107(2), 353-373.

[56] Ehrlich, I. The Deterrent Effect of Criminal Law Enforcement. *Journal of Legal Studies*, 1972, 1:259-276.

[57] Ehrlich, I. Participation in Illegitimate Activities: A Theoretical and Empirical Investigation. *The Journal of Political Economy*, 1973, 81(3): 521-565.

[58] Ehrlich, I. The Deterrent Effect of Capital Punishment: A Question of Life and Death. *The American Economic Review*, 1975, 65(3): 397-417.

[59] Ehrlich, I. The Deterrent Effect of Capital Punishment: Reply. *The American Economic Review*, 1977, 67(3): 452-458.

[60] Ehrlich, I. Capital Punishment and Deterrence: Some Further Thoughts and Additional Evidence. *The Journal of Political Economy*, 1977, 85(4): 741-788.

[61] Ehrlich, I. On the Usefulness of Controlling Individuals: An Economic Analysis of Rehabilitation, Incapacitation and Deterrence. *The American Economic Review*, 1981, 71(3): 307-322.

[62] Ehrlich, I. Crime, Punishment, and the Market for Offenses. *The Journal of Economic Perspectives*, 1996, 10(1): 43-67.

[63] Ehrlich, I. and G. D. Brower. On the Issue of Causality in the Economic Model of Crime and Law Enforcement: Some Theoretical Considerations and Experimental Evidence. *The American Economic Review*, 1987, 77(2): 99-106.

[64] Ehrlich and Liu. Sensitivity Analysis of the Deterrence Hypothesis: Let's Keep the Econ in Econometrics. *Journal of Law and Economics*, 1999, 42(1) :455-487.

[65] Eide, Erling. RDEU models of crime. Institutt for privatrett, Universiteteti Oslo Stensilserie, Working Paper, 1995, No 1.

[66] Eide, Erling. Economics of Criminal Behavior. in Bouckaert, Boudewijn and De Geest, Gerrit(e)ds.. *Encyclopedia of Law and Economics, Volume V. The Economics of Crime and Litigation.* Cheltenham, Edward Elgar. 2000.

[67] Eide, Erling. Rank Dependent Expected Utility Models of Tax Evasion. *University of Oslo*. Working Paper, 2001.

[68] Engelhardt,B. , et al. Crime and the Labor Market: A Search Model with Optimal Contracts. *Journal of Public Economics*, 2008: doi: 10. 1016/j. jpubeco. 2008-04-16.

[69] Entorf, H. and H. Spengler. Socioeconomic and demographic factors of crime in Germany: Evidence from Panel Data of the German States. *International Review of Law and Economics*, 2000, 20(1): 75-106.

[70] Fagan, Jeffrey and R. B. Freeman. Crime and Work . *Crime and Justice*, 1999, 25: 225-290.

[71] Fajnzylber, P. , et al. Inequality and Violent Crime. *Journal of Law and Economics*, 2002, 45(1): 1-40.

[72] Fender, J. A general equilibrium model of crime and punishment. *Journal of Economic Behavior & Organization*, 1999, 39 (4): 437-453.

[73] FleisherB. M. The Effect of Income on Delinquency. *The American Economic Review*, 1966, 56(1): 118-137.

[74] FleisherB. M. The Effect of Income on Delinquency: Reply. *The*

American Economic Review. 1970, 60 (1): 257.

[75] Freeman et al. The Spatial Concentration of Crime. *Journal of Urban Economics*. 1996, 40:216-23.

[76] Freeman, R. B. Why Do So Many Young American Men Commit Crimes and What Might We Do About It. *Journal of Economic Perspectives*, 1996 1: 25-42.

[77] Freeman. R. B. The Economics of Crime. in *Handbook of Labor Economics*. Elesevier Science, 1999, 3. Chapter 52.

[78] Freeman, R. B. and William Rodgers. Area Economic Conditions and the Labor Market Outcomes of Young Men in the 1990s Expansion, NBER Working Paper, 1999, 7073.

[79] Gibson, J. andB. Kim. The Effect of Reporting Errors on the Cross-country Relationship between Inequality and Crime. *Journal of Development Economics*. 2008, 87(2):247-254.

[80] Glaeser, E. L. andB. Sacerdote. Why Is There More Crime in Cities?. *The Journal of Political Economy*, 1999, 107 (6): S225-S258.

[81] Glaeser, E. L. et al. Crime and Social Interactions. *The Quarterly Journal of Economics*, 1996, 111(2): 507-548.

[82] Glaser, D. A Review of Crime-Causation Theory and Its Application. *Crime and Justice*, 1979, 1: 203-237.

[83] Gould, E. D. et al. Crime Rates and Local Labor Market Opportunities in the United States: 1979—1997. *The Review of Economics and Statistics*, 2002, 84(1): 45-61.

[84] Greenberg, D. F. et al. Social Inequality and Crime Control. *The Journal of Criminal Law and Criminology*, 1985, 76(3): 684-704.

[85] Grogger, J. The Effect of Arrests on the Employment and Earnings of Young Men. *Quarterly Journal of Economics*, 1995, 110:51-72.

[86] Grogger, J. Market Wages and Youth Crime. *Journal of Labor Economics*, 1998, 16(4): 756-791.

[87] Grogger, J. and M. Willis. The Emergence of Crack Cocaine and the Rise in Urban Crime Rates. *The Review of Economics and Statistics*, 2000, 82(4): 519-529.

[88] Gustafsson, B. and Shi Li. Inequality in China at the End of the

1980s: Lavational Aspects and Household Characteristics. *Asian Economic Journal*, 1998, 2: 35-63.

[89] Gustafsson, B. and Shi Li. Income Inequality within and across Counties in Rural China 1988 and 1995. *Journal of Development Economics*, 2002, 69:179-204.

[90] Halvor Mehluma, Karl Moenea, T, and Ragnar Torvik. Crime Induced Poverty Traps. *Journal of Development Economics*, 2005, 77: 325-340.

[91] Harber M. D., Darrell Steffensmeier. The Differing Effects of Economic Inequality on Black and White Rates of Violence. *Social Force*, 1992, 70: 1035-1054.

[92] Heineke, J. M. Crime, Deterrence, and Choice: Testing the Rational Behavior Hypothesis. *American Sociological Review*, 1988, 53(2): 303-305.

[93] Heinemann, A. and Verner,D. Crime and Violence in Development: A Literature Review of Latin America and the Caribbean. *World Bank Policy Research Working Paper*, 2006, 4041.

[94] Herschel I. Grossman. Robin Hood and the Redistribution of Property Income. *European Journal of Political Economy*, 1995, 11: 399-410.

[95] Hsieh, Ching-Chi, and M. D. Pugh. Poverty, Income Inequality, and Violent Crime: a Meta-analysis of Recent Aggregate Data Studies. *Criminal Justice Review*,1992, 18,182-202.

[96] Huw Lloyd-Ellis and Nicolas Marceau. Endogenous Insecurity and Economic Development. *Journal of Development Economics*, 2003, 72:1-29.

[97] Imrohoromlu, A. et al. On the Political Economy of Income Redistribution and Crime. *International Economic Review*, 2000, 41 (1): 1-25.

[98] Imrohoromlu, A. et al. What Accounts for the Decline in Crime? *International Economic Review*, 2004, 45: 707-730.

[99] Imrohoromlu, A. et al. Understanding the Determinants of Crime. *Journal of Economics and Finance*, 2006, 30(2): 270-284.

[100] Jocob,D. Inequality and Economic Crime. *Sociology and Social*

Research, 1981, 66:12-28.

[101] Jacob, B. A. and L. Lefgren. Are Idle Hands the Devil's Workshop? Incapacitation, Concentration, and Juvenile Crime. *The American Economic Review*, 2003, 93(5): 1560-1577.

[102] Joyce, T. Did Legalized Abortion Lower Crime?. *The Journal of Human Resources*, 2004, 39(1): 1-28.

[103] Jr, R. J. Bursik. and H. G. Grasmick. Economic Deprivation and Neighborhood Crime Rates, 1960—1980. *Law & Society Review*, 1993, 27(2): 263-283.

[104] Junger-Tas, J. and I. H. Marshall. The Self-Report Methodology in Crime Research. *Crime and Justice*, 1999, 25: 291-367.

[105] Judson and Owen. Estimating Dynamic Panel Data Models: A Practical Guide for Macroeconomists. http://ideas. repec. org/p/fip/fedgfe/1997-3. html, 1996.

[106] Kelly, M. Inequality and Crime. *The Review of Economics and Statistics*, 2000, 82(4): 530-539.

[107] Kessler and Levitt. Using Sentence Enhancements to Distinguish between Deterrence and Incapacitation. *Journal of Law and Economics*, 1999, 42(1):343-363.

[108] Kling J. R., Jens Ludwig and Lawrence F. Katz. Neighborhood Effects on Crime for Female and Male Youth: Evidence from a Randomized Housing Voucher Experiment. *The Quarterly Journal of Economics*, 2005:87-130.

[109] Knight, J. and Song, L. *The Rural-Urban Divide: Economic Disparities and Interactions in China*. Oxford University Press, 1999.

[110] Krohn, M. D. Inequality, Unemployment and Crime: A Cross-National Analysis. *The Sociological Quarterly*, 1976, 17(3): 303-313.

[111] Lederman, D., et al. Violent Crime: Does Social Capital Matter?. *Economic Development and Cultural Change*, 2002, 50 (3): 509-539.

[112] LeeD. Y. Income Inequality and Crime: Cointergration Analysis and Causality Tests. *Shippensburg University*, Working Paper, 1999.

[113] Levitt, S. D. The Effect of Prison Population Size on Crime Rates: Evidence from Prison Overcrowding Litigation. *The Quarterly Journal of Economics*, 1996, 111(2): 319-351.

[114] Levitt, S. D. Using Electoral Cycles in Police Hiring to Estimate the Effect of Police on Crime. *The American Economic Review*, 1997, 87(3): 270-290.

[115] Levitt, S. D. Juvenile Crime and Punishment. *The Journal of Political Economy*, 1998, 106(6): 1156-1185.

[116] Levitt, S. D. Why Do Increased Arrest Rates Appear to Reduce Crime: Deterrence, Incapacitation, or Measurement Error. *Economic Inquiry*, 1998, 36: 353-372.

[117] Levitt, S. D. Using Electoral Cycles in Police Hiring to Estimate the Effects of Police on Crime: Reply. *The American Economic Review*, 2002, 92(4): 1244-1250.

[118] Levitt, S. D. Understanding Why Crime Fell in the 1990s: Four Factors That Explain the Decline and Six That Do Not. *The Journal of Economic Perspectives*, 2004, 18(1): 163-190.

[119] Levitt, S. D. and Miles T. Empirical Study of Criminal Punishment. in *Handbook of Law and Economics*. Edited by A. Polinsky and Shavell, Elsevier, 2004.

[120] Levitt,SteveD. and Ian Ayres. Measuring the Positive Externalities from Unobservable Victim Precaution: an Empirical Analysis of Lojack. *Quarterly Journal of Economics*, 1998, 113(1), 43-77.

[121] Lin Ming-Jen. More police, Less Crime: Evidence from US State Data. *International Review of Law and Economics*, 2009, 29: 73-81.

[122] Lisa Stolzenberg, David Eitle, and Stewart J. D'Alessio. Race, Economic Inequality, and Violent Crime. *Journal of Criminal Justice*, 2006, 34:303-316.

[123] Liska, A. E. A Critical Examination of Macro Perspectives on Crime Control. *Annual Review of Sociology*, 1987, 13: 67-88.

[124] Liska, A. E. et al. Testing the Economic Production and Conflict Models of Crime Control. *Social Forces*, 1985, 64(1): 119-138.

[125] Liu Jianhong. Modernization and crime patterns in China. *Journal*

of Criminal Justice, 2006, 34:119-130.

[126] Liu Zhiqiang. Capital Punishment and the Deterrence Hypothesis: Some New Insights and Empirical Evidence. Eastern Economic Journal, 2004, 30(2): 237-258.

[127] Llad Phillips and Harold L. Votey, Jr. Black Women, Economic Disadvantage, and Incentives to Crime . *The American Economic Review*, 1984, 74(2): 293-297.

[128] Loftin, C. andD. McDowall. The Police, Crime, and Economic Theory: An Assessment. *American Sociological Review*, 1982, 47 (3): 393-401.

[129] Lombroso, C. (1876). *L'uomo Delinquete* (*The Criminal Man*). Putnam, New York, (reprint), 1911.

[130] Lu, M. and Chen, Z. Urbanization, Urban-Based Policies and Urban-Rural Inequality in China: 1987-2001. *Chinese Economy*, 2006, 39: 42-63.

[131] Ludwig, J. , et al. Urban Poverty and Juvenile Crime: Evidence from a Randomized Housing-Mobility Experiment. *The Quarterly Journal of Economics*, 2001, 116 (2): 655-679.

[132] Nagin Daniel and Fisher Franklin. On the Feasibility of Identifying the Crime Function in a Simultaneous Model of Crime Rates and Sanction Levels. in Deterrence and Incapacitation, edited by Alfred Blumstein, Jacqueline Cohen, and Daniel Nagin, Washington, D. C. : National Academy Press, 1978.

[133] Nanci Mocan, Daniel Rees. Economic Conditions, Deterrence and Juvenile Crime: Evidence from Micro Data. *American Law and Economics Review*, 2005, 17(2):319-349.

[134] Nilsson, A. Income Inequality and Crime: The Case of Sweden. IFAU Working Paper, 2004, 6.

[135] NeumayerE. Is Inequality really a Major Cause of Violent Crime? Evidence From a Cross-National Panel of Robbery and Violent Theft Rates. LSE, 2004.

[136] Narapan P. K. and Russell Smyth. Crime Rates, Male Youth Unemployment and Real Income in Australia: Evidence From Granger Causality Tests. Applied Economics, 2004, 36:

2079-2905.

[137] Machin, S. and C. Meghir. Crime and Economic Incentives. *The Journal of Human Resources*, 2004, 39(4): 958-979.

[138] McCray Justin. Do Electoral Cycles in Police Hiring Really Help Us Estimate the Effect of Police on Crime? Comment. *American Economic Review*, 2002, 92(4): 1236-1243.

[139] Macculloch R. Income Inequality and the Taste for Revolution. *Journal of Law and Economics*, 2005, XLVIII: 93-123.

[140] Marvell ThomasB. and Moody CarlisleE. Prison Population Growth and Crime Reduction. *Journal of Quantitative Criminology*, 1994, 7: 237-273.

[141] Marvell ThomasB. and Moody CarlisleE. Specification Problems, Police Levels, and Crime Rates. *Criminology*, 1996, 34: 609-644.

[142] Mathur, V. K. Economics of Crime: An Investigation of the Deterrent Hypothesis for Urban Areas. *The Review of Economics and Statistics*, 1978, 60(3): 459-466.

[143] McHale, V. E. Economic Development, Political Extremism and Crime in Italy. *The Western Political Quarterly*, 1978, 31(1): 59-79.

[144] Merton, Robert K. *Social Theory and Social Structure*. Free Press, New York, 1957.

[145] Messner, S. F. Poverty, Inequality and the Urban Homicide Rate. *Criminology*, 1982, 20: 103-114.

[146] Messner, S. F. Societal Development, Social Equality and Homicide: A Cross-National Test of Durkheimian model. *Social Forces*, 1982, 61: 225-240.

[147] Messner S. F. and Tardiff K. Economic Inequality and Levels of Homicide: An Analysis of Urban Neighborhoods. *Criminology*, 1986, 24: 296-317.

[148] Miethe, T. D., et al. Social Change and Crime Rates: An Evaluation of Alternative Theoretical Approaches. *Social Forces*, 1991, 70(1): 165-185.

[149] Miguel, E. Poverty and Witch Killing. *Review of Economic Studies*, 2005, 72: 1153-1172.

[150] Phillips, L., et al. Crime, Youth, and the Labor Market. *The Journal of Political Economy*, 1972, 80(3): 491-504.

[151] Piliavin, I., R. Gartner, et al. Crime, Deterrence, and Rational Choice. *American Sociological Review*, 1986, 51(1): 101-119.

[152] Polinsky and Shavell. The Economic Theory of Public Enforcement of Law. *Journal of Economic Literature*, 2000, 38(1): 45-76.

[153] Pudney S., Derek Deadman, David Pyle. The Relationship between Crime, Punishment and Economic Conditions: Is Reliable Inference Possible When Crimes Are Under-Recorded?. *Journal of the Royal Statistical Society*, 2000, 163:81-97.

[154] Raphael, S. and R. Winter-Ebmer. Identifying the Effect of Unemployment on Crime. *Journal of Law and Economics*, 2001, 44(1): 259-283.

[155] Martin Ravallion and Shaohua Chen. China's (uneven) progress against poverty. *Journal of Development Economics*, 2007, 82: 1-41.

[156] Sah, R. K. Social Osmosis and Patterns of Crime. *The Journal of Political Economy*, 1991, 99(6): 1272-1295.

[157] Samuel L. Myers. Estimating the Economic Model of Crime: Punishment vs. Deterrent Effects. *Quarterly Journal of Economics*, 1983(98):157-166.

[158] Samuel L. Myers. Do better wages reduce crime? A research note. *American Journal of Economics and Sociology*, 1984, 43(2): 191-195.

[159] Sampson, R. J. and J. Cohen. Deterrent Effects of the Police on Crime: A Replication and Theoretical Extension. *Law & Society Review*, 1988, 22(1): 163-189.

[160] Saridakis, George. Violent crime in the United States of America: a time-series analysis between 1960—2000. *European Journal of Law and Economics*, 2004, 18: 203-221.

[161] Shaw, C. and McKay, H. *Juvenile Delinquency and Urban Areas*. University of Chicago Press, 1942.

[162] Simpson, M. E. Violent crime, Income Inequality, and Regional Culture: Another look. *Sociological Focus*, 1985, 18: 199-208.

[163] Sjoquist, D. L. Property Crime and Economic Behavior: Some Empirical Results. *The American Economic Review*, 1973, 63(3): 439-446.

[164] Soares, R. R. Development, crime and punishment: accounting for the international differences in crime rates. *Journal of Development Economics*, 2004, 73(1): 155-184.

[165] Scorcu A. E. and Roberto Cellini. Economic Activity and Crime in the Long Run: an Empirical Investigation on Aggregate Data from Italy, 1951—1994. *International Review of Law and Economics*, 1998, 18 (3): 279-292.

[166] South, S. J. and S. F. Messner. Crime and Demography: Multiple Linkages, Reciprocal Relations. *Annual Review of Sociology*, 2000, 26: 83-106.

[167] Steffensmeier, D. et al. Relative Cohort Size and Youth Crime in the United States, 1953-1984. *American Sociological Review*, 1987, 52(5): 702-710.

[168] Steven Stack. Income Inequality and Property Crime: A Cross-National Analysis of Relative Deprivation Theory. *Criminology*, 1984, 22(2):229-257.

[169] Taft and England . *Criminology*. New York: Macmillan, 1964.

[170] Tanner Murray Scot. Campaign-Style Policing in China and Its Critics. in Crime, Punishment and Policing in China, Rowman & Littlefield Publishers, Inc., 2005.

[171] Tella, R. D. andE. Schargrodsky. Do Police Reduce Crime? Estimates Using the Allocation of Police Forces after a Terrorist Attack. *The American Economic Review*, 2004, 94(1): 115-133.

[172] Tittle, C. R. and A. R. Rowe. Certainty of Arrest and Crime Rates: A Further Test of the Deterrence Hypothesis. *Social Forces*, 1974, 52(4): 455-462.

[173] Trumbull, W. N. Estimations of the Economic Model of Crime Using Aggregate and Individual Level Data. *Southern Economic Journal*, 1989, 56(2): 423-439.

[174] Tullock. The Welfare Costs of Tariffs, Monopolies, and Theft. *Western Economic Journal*, 1967, 5 (3): 224-232.

[175] Williams, J. and R. C. Sickles. An Analysis of the Crime as Work Model: Evidence from the 1958 Philadelphia Birth Cohort Study. *The Journal of Human Resources*, 2002, 37(3): 479-509.

[176] Wilson, J. Q. andB. Boland. The Effect of the Police on Crime. *Law & Society Review*, 1978, 12(3): 367-390.

[177] Witte, A. D. Estimating the Economic Model of Crime with Individual Data. *The Quarterly Journal of Economics*, 1980, 94 (1): 57-84.

[178] Witte, AnnD. and Helen Tauchen. Work and Crime: an Exploration Using Panel Data. *Public Finance*, 1994, 49:155-167.

[179] Wolpin, K. I. An Economic Analysis of Crime and Punishment in England and Wales, 1894—1967. *The Journal of Political Economy*, 1978, 86(5): 815-840.

[180] Wolpin, K. I. A Time Series-Cross Section Analysis of International Variation in Crime and Punishment. *The Review of Economics and Statistics*, 1980, 62(3): 417-423.

[181] Weicher J. The Effect of Income on Delinquency: Comment. *The American Economic Review*, 1970, 60 (1): 249-256.

[182] Wooldridge. *Econometric Analysis of Cross Section and Panel Data*. MIT Press, 2002.

[183] Yue-Chim and Richard Wong. An Economic Analysis of the Crime Rate in England and Wales, 1857—1892. *Economica*, 1995, 62: 235-246.

[184] Zhang, J. The Effect of Welfare Programs on Criminal Behavior: A Theoretical and Empirical Analysis. *Economic Inquiry*, 1997, 35: 120-137.

[185] Zenou, Yves. The Spatial Aspects of Crime. *Journal of the European Economic Association*, 2003, 1:459-467.

[186] Zenou, Yves. Crime, Location and the Housing Market. The Research Institute of Industrial Economics. Working Paper, 2005,651.

[187] Zenou, Yves. Crime and the City. The New Palgrave Dictionary of Economics. Second Edition. Eds. Steven N. Durlauf and LawrenceE. Blume. Palgrave Macmillan, 2008.

[188] Zhang Kevin Honglin and Song Shunfeng. Rural-urban Migration and Urbanization in China: Evidence from Time-series and Cross-section analyses. *China Economic Review*, 2003, 14: 386-400.

[189] Zhou Yixing and Ma J. C. Laurence. China's Urbanization Levels: Reconstructing a Baseline from the Fifth Population Census. *The China Quarterly*, 2003, 173: 176-196.

中文部分

[190] 白雪梅,王少谨. 对我国收入不平等与社会安定关系的审视. 2006 年第六届中国经济学年会参选论文,2006.

[191] 陈春良,易君健. 城乡收入差距与刑事犯罪:1988—2004. 第五届中国法经济学论坛论文, 2006 .

[192] 陈春良,易君健. 收入差距与刑事犯罪:基于中国省级面板数据的实证研究. 世界经济,2009(1).

[193] 陈刚,李树,陈屹立. 人口流动增加犯罪了吗? 基于中国经验的实证研究. 中国人口科学,2009(4).

[194] 陈刚,等. 惩罚对犯罪的威慑效应:基于中国数据的实证研究. 西南政法大学,2009 年工作论文.

[195] 陈屹立. 收入差距、经济增长与中国的财产犯罪——1978—2005 年的实证研究. 法制与社会发展, 2007(12).

[196] 陈屹立. 犯罪经济学研究新进展. 经济学动态,2007(12).

[197] 陈屹立,张卫国. 收入差距、国民教育与中国的暴力犯罪. 第八届中国经济学年会入选论文,2008.

[198] 陈宗胜. 收入分配、贫困与失业. 天津:南开大学出版社,2000.

[199] 陈宗胜,周云波. 再论改革与发展中的收入分配 . 北京:经济科学出版社,2002.

[200] 邓文平,雷涛. 社会转型与刑事犯罪. 江西社会科学,2001(11).

[201] 封进,余央央. 收入差距与健康关系的研究述评. 经济学动态,2006(7).

[202] 胡联合. 转型与犯罪:中国转型期犯罪问题的实证研究. 北京:中央党校出版社,2006.

[203] 胡联合,胡鞍钢. 对转型期中国犯罪实际发案情况的估测. 社会科学,2006(1).

[204] 胡联合,胡鞍钢,徐绍刚. 贫富差距对违法犯罪活动影响的实证分析. 管理世界, 2005(6).

[205] 黄少安,陈屹立. 收入分配不公、国民教育与中国的犯罪率:1978—2005. 第五届中国法经济学论坛论文, 2006.

[206] 吉海荣. 转型期犯罪率增长的社会原因探析与形式政策应对. 社会主义研究,2005(6).

[207] 李实. 对收入分配研究中几个问题的进一步说明. 经济研究,2000.

[208] 李实. 中国个人收入分配研究回顾与展望. 经济学季刊,2003(2).

[209] 李实,赵人伟. 中国居民收入分配再研究. 经济研究,1999(4).

[210] 李实,罗楚亮. 中国城乡居民收入差距的重新估计. 载于中国居民收入分配研究(Ⅲ). 北京:北京师范大学出版社,2008.

[211] 李实,史泰丽,古斯塔夫森. 中国居民收入分配研究(III). 北京:北京师范大学出版社,2008.

[212] 陆铭,陈钊,万广华. 因患寡,而患不均:中国的收入差距、投资、教育和增长的相互影响. 经济研究, 2005(12).

[213] 陆铭,陈钊. 城市化、城市倾向的经济政策与城乡收入差距. 经济研究, 2004(6).

[214] 陆益龙. 1949 年后的中国户籍制度:结构与变迁. 北京大学学报, 2002(2).

[215] 恩德斯. 应用计量经济学——时间序列分析(中译本). 北京:高等教育出版社,2006.

[216] 世界银行. 1990 年世界发展报告:从计划到市场 (中译本). 北京:中国财政经济出版社,1996.

[217] 史晋川,陈春良. 莱维特的犯罪经济学研究述评. 理论经济学,2009(1).

[218] 史泰丽,等. 中国城乡之间收入差距分析. 载:中国居民收入分配研究(Ⅲ). 北京:北京师范大学出版社,2008.

[219] 王永钦,等. 中国的大国发展道路——论分权式改革的得失. 经济研究, 2007(1).

[220] 王安,魏建. 犯罪门槛和防御效应下收入分配差距对犯罪率的影响——以中国伤害和财产诈骗犯罪(1981—2006)为例. 广东商学院学报,2009(3).

[221] 王立峰,张玉鹏. 当代中国的犯罪状况与防治对策. 中共中央党校学报,2005(3).

[222] 谢旻荻,贾文. 经济因素对犯罪率影响的实证研究. 中国人民公安大学学报,2006(1).

[223] 张小虎. 转型期犯罪率明显增长的社会分层探析. 社会学研究,2002(1).

[224] 赵人伟,李实,李思勤(主编). 中国居民收入分配再研究. 北京:中国财政经济出版社,1999.

[225] 周云波. 城市化、城乡差距及全国居民总体收入差距的变动——收入差距倒U形假说的实证检验. 经济学季刊,2009(4).

后 记

这本书的创作直接源于我的博士论文。从最初选择犯罪经济学为主要研究领域，到博士论文选取我国转型期收入差距与刑事犯罪率的动态变化为研究主题，以及博士期间的研究成果出版成书，一直以来我的硕士论文导师浙江大学的罗卫东教授和博士论文导师浙江大学的史晋川教授，都给予我最重要的指导和最直接的帮助。正是两位老师的支持和鼓励，我才能得以持续多年沉湎于犯罪经济学这个较为“人迹罕至”的研究领域，因而这本书的出版首先应归功于两位先生多年来的不吝指导。另外，本书核心内容的写作完成于作者在美国纽约州立大学布法罗分校经济系访学期间，与Isaac Ehrlich 教授和 Liu Zhiqiang 教授在犯罪经济学理论和实证研究方面的多次讨论均令作者受益匪浅。一定程度上，与两位教授就犯罪经济学主题的若干次谈话，甚至直接改变了作者对犯罪经济学研究一些基本问题的根本性见解。

本书是浙江省社会科学规划后期资助项目(项目编号:11HQYJ04)的研究成果，同时也很荣幸地成为史晋川教授主编的法律经济学博士文丛系列研究的一部分，并获得相应的研究经费支持。博士论文创作和出版过程中，作者现供职单位浙江工商大学公共管理学院也提供了一定的资金支持，特此致谢。本书也是教育部人文社科青年项目(项目编号:10YJC790016)、浙江省自然科学基金(项目编号:Y6090632)和浙江工商大学青年人才基金项目(Q07—06)的阶段性研究成果。浙江大学出版社的陈丽霞编辑为本书形式体例的完善也做了许多重要的工作。事实上，没有陈丽霞编辑及其团队认真细致的校对，本书也不可能这么快就能出版。在这里我要感谢编辑辛勤、专业而又负责任的劳动。此外，需要说明的是，这本书中的部分内容也曾以论文的形式发表于《世界经济》、《经济学动态》和《制度经济学研究》等杂志，各杂志的责任编辑和相关匿名审稿人对论文完善所提的建设性意见都已经体现在最终的书稿中，但是书稿中并没有逐一表明，此处集中表示感谢。

虽然，从 2003 年硕士研究生阶段以来，本人一直从事犯罪经济学相关领域的研究工作，对国际主流犯罪经济学研究文献也有一定的积累和阅读。然而，由于天性慵懒、智识平凡，见识也实属有限，因而，展现在各位读者面前的这本书，充其量也只能算是一部不成熟的犯罪经济学研究的“半成品”，其中错漏必定不少，恳请读者们多多批评指正。

陈春良

于杭州西子湖畔

2011年12月20日